D1718235

Inhalt

Impressum

Herausgegeben von der
IG Metall Baden-Württemberg

Stuttgarter Straße 23
70469 Stuttgart
Tel. +49 (711) 16581-0

www.bw.igm.de

V.i.S.d.P: Bezirksleiter Jörg Hofmann
Redaktion: Kai Bliesener

Abdruck des Textes von Dr. Rainer Fattmann
mit freundlicher Genehmigung der Hans-Böckler-Stiftung

Gestaltung:
INFO & IDEE, Ludwigsburg · www.abenteuer-unserer-zeit.de

Herstellung:
Druckhaus Waiblingen · 1.000 Stück

Erschienen im INFO & IDEE Medienverlag · September 2011

ISBN 978-3-931112-22-6

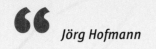

Jörg Hofmann

Liebe Leserinnen und Leser,
liebe Kolleginnen und Kollegen,

Heute für gute Arbeits- und Lebensbedingungen einzutreten, geht nicht ohne Blick auf die, die uns vorangegangen sind. Wir lernen aus ihren Erfahrungen und aus der Haltung, mit der sie sich einsetzten. Willi Bleicher ist als kämpferischer und konsequenter Mann der IG Metall so einer, an den die Erinnerung unbedingt lohnt.

Der Historiker Dr. Rainer Fattmann erforscht immer wieder Aspekte der **Geschichte arbeitender Menschen und ihrer Interessenvertretung**. Wir haben ihn beauftragt, Willi Bleichers Lebensweg zu betrachten. Mit dieser Veröffentlichung machen wir das Ergebnis seiner Arbeit allgemein zugänglich – ein Gewinn für alle, die interessiert und bereit sind, aus gelebter Geschichte zu lernen.

Willi Bleicher war und ist eine Symbolfigur für viele Gewerkschafter. Das Leben in Armut zu Beginn des 20. Jahrhunderts. Die Zeit der Haft unter den Nazis – Leid, Hoffnung, Gewalt und Tod waren damals allgegenwärtig in Bleichers Leben. All die Erfahrungen in den schweren Jahren vom Kaiserreich über die Weimarer Republik bis zur Niederschlagung des Faschismus haben ihn geprägt, desillusioniert und gleichzeitig gestärkt.

Sie haben Bleicher zu dem Mann gemacht, der er als **legendärer Arbeiterführer** war. **Ein Mensch mit Haltung, Statur und Charisma.** In der rückblickenden Betrachtung lässt es ihn heute nahezu überlebensgroß erscheinen. Gleichzeitig würde er sich mit Händen und Füßen wehren, würden wir ihm ein Denkmal errichten wollen. Auf diesem schmalen Grat bewegen wir uns im Gedenken an den großen Antifaschisten und Gewerkschafter Willi Bleicher.

Wir sind zuversichtlich, mit diesem Portrait Willi Bleichers eine **angemessene und kritische Würdigung** seiner Person vorlegen zu können. Bleicher wusste um seine Ecken und Kanten, war unbequem und ist lieber einen steinigen Weg gegangen, als seine Überzeugungen über Bord zu werfen. Gerade das macht ihn zu einer Symbolfigur der Gewerkschaftsbewegung in Deutschland. Sein zutiefst vom Humanismus geprägtes Weltbild ist der Schlüssel zu seinem Wirken. Das **Einstehen für Menschlichkeit und Gerechtigkeit** durchzieht sein Leben in einer Konsequenz, die beeindruckend ist und bleibt. **Wir können alle von ihm lernen.**

Eine anregende Lektüre wünscht

Jörg Hofmann
Bezirksleiter
IG Metall Baden-Württemberg

 *Berthold Huber*

Widerstehen und der Erniedrigung des Menschen entgegentreten

Als ich eigene Erinnerungen an Willi Bleicher Revue passieren ließ, kam mir Albert Camus in den Sinn. Camus hat Gewerkschafterinnen und Gewerkschaftern 1953 in einer Ansprache vor der Arbeitsbörse in St. Etienne zugerufen: «Das Geheimnis unseres Widerstands ist leicht in Worte zu fassen. Alles, was die Arbeit erniedrigt, erniedrigt den Geist – und umgekehrt. Und der revolutionäre Kampf, das Jahrhunderte alte Streben nach Befreiung, besteht vor allem in einer unablässigen **Ablehnung der Erniedrigung**.»

Ich meine: Widerstehen und der Erniedrigung des Menschen unablässig entgegenzutreten – das ist auch der Kern des Lebens, der Kern des Vermächtnisses von Willi Bleicher. Willi Bleicher wusste, wovon er spricht: **«Du sollst Dich nie vor einem lebenden Menschen bücken»** ist heute wahrscheinlich sein in der Öffentlichkeit bekanntester Ausspruch.

> *Junge, Du hast überhaupt keine Ahnung von Solidarität!*

Es ist unendlich schwer und kann mit viel Mühe, Überwindung und Leiden verbunden sein, für dieses Prinzip auch dann einzustehen, wenn es ernst wird. Wenn man wie Willi Bleicher für seine Überzeugung verfolgt, eingesperrt, gefoltert und allen Schrecken des Konzentrationslagers und des Krieges ausgesetzt ist.

Willi Bleicher hat mich vor vielen Jahren einmal über Solidarität sprechen hören. Nachher hat er mich zur Seite genommen und gesagt: «Junge, du hast überhaupt keine Ahnung von Solidarität! Merk' dir Eines: Wenn du nichts zu fressen hast und dein Kumpel,

der auch hungert, seine letzte Scheibe Brot mit dir teilt: Das ist Solidarität!»

Willi Bleicher hat die existentielle Not am eigenen Leib erfahren. Er hat diese Erfahrung nie verwinden können. Trotzdem haben wir ihn kraftvoll und engagiert in Erinnerung: **Als einen, der es immer verstanden hat, junge Menschen zu fesseln und mitzureißen. Als brillanten Redner. Und als ebenso umsichtigen wie entschlossenen Tarifpolitiker.** Mit dem Willen, zu gestalten und die gesellschaftlichen Verhältnisse, die Lebens- und Arbeitsbedingungen von Arbeitnehmerinnen und Arbeitnehmern konkret zu verbessern.

Sein **Weltvertrauen** hat Willi trotz vieler großer, erfolgreich bestandener Auseinandersetzungen nie wieder ganz zurückgewinnen können. Wer von 1933 bis 1945 ununterbrochen den Schrecken erfahren und vor Augen hatte, machte sich nichts mehr vor. Das war in seine Seele eingebrannt.

Die Nazi-Herrschaft war für ihn direkte Folge mangelnder Einheit der Arbeiterbewegung. Das hat Willi Bleicher immer umgetrieben. Im Ergebnis hat es ihn letztlich dazu geführt, **die Gewerkschaftsarbeit wichtiger zu nehmen als die parteipolitische Arbeit.** Willi Bleicher hat sicher auch vor dem Hintergrund dieser Erfahrung konsequent für die Einheitsgewerkschaft gestritten.

Anderen in der Not zu helfen war für ihn selbstverständlich.

Er hat zu keinem Zeitpunkt resigniert, sondern sich entschieden, die Interessen von Arbeitnehmerinnen und Arbeitnehmern konsequent zu vertreten. Dieser Weg ist folgerichtig und vielleicht die einzige Antwort, die Willi Bleicher vor dem Hintergrund seiner Erlebnisse geben konnte.

Zu dieser Antwort gehören selbstverständlich auch seine Interventionen gegen die Wiederbewaffnung, gegen Rechtsextremismus, Rassismus und Fremdenfeindlichkeit. Gegen die politische Unaufrichtigkeit. Gegen die Flucht vor der Vergangenheit und schließlich später gegen die Notstandsgesetze.

Willi Bleicher war ein aufrichtiger, ein feiner Mensch. Nicht zimperlich in Alltagssituationen, aber menschlich, solidarisch und anständig, wenn es drauf ankam. Anderen in der Not zu helfen, war für ihn selbstverständlich.

Was wir von Willi Bleicher mit in unsere Zeit nehmen können – und aus meiner Sicht müssen –, sind sein widerständiger Geist, sein Wille, sich nicht zu beugen, seine persönliche Integrität und nicht zuletzt seine Prinzipien gewerkschaftlicher Arbeit.

Der muss her!
In dem Alter schläft man nicht mehr viel!

Willi Bleicher bin ich unmittelbar als Jugendfunktionär, erstmals bei einer Ortsverwaltungs-Sitzung in Heilbronn, begegnet. Natürlich war Willi Bleicher mir, wie allen Metallern und der Öffentlichkeit, ein Begriff. Die Ortsverwaltungs-Sitzung mit ihm ist mir in Erinnerung geblieben. **Es war eine unangenehme Begegnung.** An der Arbeit, besonders der hauptamtlichen Funktionäre, wurde kein gutes Haar gelassen. Zu wenig Neuaufnahmen, zu geringer Beitrag, zu wenig Betriebsversammlungen und so weiter. Ich war enttäuscht, nicht von Willi, sondern von den langjährigen Ortsver-

waltungs-Mitgliedern, die widerspruchslos die Kritik akzeptierten, obwohl ich sie als sehr aktive und respektierte Funktionäre kannte. Nach der Sitzung auf ihr Verhalten angesprochen, war ihr Kommentar: **So ist er (der Willi) eben.**

Später, als ich selbst Bevollmächtigter war, hatte sich die Art der Kritik nur insoweit verändert, dass Herbert Brümmer als «Wadenbeißer» losgelassen wurde und Willi Bleicher **«nur noch spezielle Vorkommnisse»** selbst zum Thema machte, beispielsweise die Größe der Dienstautos. Ein «Sechszylinder» für einen Bevollmächtigten – das waren mindestens zwei Kammern zuviel im Motor. Da wusste jeder Bevollmächtigte: Es kommt nicht auf den Ausstattungskomfort beim Autokauf an, sondern auf die Zahl der Zylinder. So wurde der Bezirk mit strenger Hand geführt. Maßvoll nach innen, sehr erfolgreich für die Mitglieder und die Beschäftigten in der Metallwirtschaft. Natürlich war die sehr gute wirtschaftliche Entwicklung und die Struktur der Metall- und Elektroindustrie in Baden-Württemberg eine entscheidende Voraussetzung für beispielhafte Tarifabschlüsse.

> *So wurde der Bezirk mit strenger Hand geführt.*

Willi Bleicher hat aber nicht nur große Auseinandersetzungen durch seinen unbedingten Einsatz geprägt. Ein besonderes Erlebnis ist in meiner Erinnerung geblieben: In Folge des Lohnrahmentarifvertrags I müssen bei der Armaturenfabrik Schneider in Nordheim bei Heilbronn viele Beschäftigte höher eingruppiert werden. **Den damals fast achtzigjährigen Firmeninhaber interessiert das nicht.** Trotz aller Versuche der IG Metall Verwaltungsstelle, gemeinsam mit dem Metallarbeitgeber-verband, das betriebliche Ergebnis des Tarifvertrags umzusetzen – der «Alte» verweigert die Höhergruppierungen. Es kommt zur **spontanen Arbeitsniederlegung** der Arbeiter. Nach drei Tagen noch immer Funkstille aus der Villa. Vor Ort sind Ernst Eisenmann und Manfred Imdahl von der Bezirksleitung. Endlich, am vierten Tag ist «der Alte» bereit, die Höhergruppierungen zu akzeptieren. Aber er weigert sich, den Lohnausfall der Arbeitsniederlegung zu bezahlen. **Ernst Eisenmann informiert telefonisch Willi Bleicher.**

Willi kommt am späten Abend selbst nach Nordheim. Die Verhandlungskommissionen sind in der Bahnhofswirtschaft, die Stimmung ist gereizt. Es ist Nacht, als Willi Bleicher aus dem Auto steigt und auch noch fast auf der Treppenstufe stürzt. **Stocksauer schreit er heraus, was er wo von solchen Arbeitgebern hält.** Respektvoll hören die Verbandsvertreter seine Vorwürfe an.

> *Ein Protokoll wird nicht geführt. Das ist gut so.*

Nach kurzer Information fordert Willi Bleicher die Arbeitgebervertreter auf, der «Alte» müsse sofort zur Beilegung des Konflikts erscheinen. **Er verhandle nicht mit «Lakaien»**, die offensichtlich unfähig seien, eine absolut berechtigte Arbeitsniederlegung der betrogenen Arbeiter mit Anstand zu beenden. Als die Verbandsvertreter erklären wollen, der Inhaber wäre ein «alter Herr», dem man um Mitternacht nicht mehr zumuten könne, nach Nordheim zu kommen, bricht der Sturm erst so richtig los. Ein Protokoll wird nicht geführt. Das ist gut so. Willi Bleicher fordert jetzt erst recht, «der (Inhaber) muss sofort her, in dem Alter braucht man nicht mehr soviel Schlaf». Die Arbeit werde solange nicht aufgenommen, bis auch die letzte Minute bezahlt werde.

Nachdem die Höhergruppierungen akzeptiert sind, wird am fünften Tag die Arbeitsniederlegung in eine außerordentliche Betriebsversammlung umgewandelt. Diese Versammlung soll so lange dauern, bis der «Alte» den vollen Lohnausfall bezahlt. Am frühen Nachmittag unterschreibt der Inhaber eine Vereinbarung, in der **alle Forderungen erfüllt** sind, einschließlich einer Maßregelungsklausel.

Solche Erlebnisse prägen und erinnern bleibend an Willi Bleicher.

Ernst Eisenmann

Willi Bleicher
zum 100. Geburtstag

E s ist nicht genug, zu wissen, man muss es auch anwenden. Es ist nicht genug, zu wollen, man muss es auch tun». – Dieses Zitat von Goethe trifft für den Lebensweg von Willi Bleicher zu. Er gehörte zu den wenigen, die sich aktiv den zu erwartenden politischen Änderungen nach der Machtübernahme Hitlers 1933 entgegenstemmten. Er gehörte zu jenen, die nicht nur in Worten, obwohl auch das schon zu Verhaftungen führte, sondern auch mit Flugblättern und Parolen an Mauern und Wänden auf die politischen Gefahren hinwiesen.

Dass dies in einem totalitären politischen System auf die Dauer nicht unentdeckt bleibt, war zu erwarten. Er war sich dessen wohl bewusst und trotz dieser Gefahr arbeitete er im Untergrund. Seine Verhaftung war nur eine Frage der Zeit – viele Jahre in Gefängnis und Konzentrationslager waren der Preis, den er dafür in Kauf nahm.

Die Einheitsgewerkschaft

Die Arbeiterschaft – der Hauptträger des Widerstandes gegen Hitler – zahlte den höchsten Blutzoll für ihren Kampf gegen die nationalsozialistische Diktatur. Nach Kriegsende, im Jahr 1945, begann die gewerkschaftliche Arbeit in den Betrieben. Die Betriebsräte, von den alliierten Siegern eingesetzt, setzten die Produktion in Gang und organisierten den Bedarf für das tägliche Leben. Mit der Arbeit in den Betrieben erfolgte der Aufbau der Gewerkschaften als Organisationen. Die Gewerkschaften

> *Hütet mir die Einheitsgewerkschaft wie euren Augapfel!*

entstanden als Einheitsgewerkschaften, die allen Arbeitnehmern – ohne Einschränkung durch ihre politische und konfessionelle Überzeugung – offenstanden. Es sollte eine Einheitsgewerkschaft nach dem Industrieverbandsprinzip sein, in der Arbeiter, Angestellte und Beamte vertreten waren. Die Gründung des Deutschen Gewerkschaftsbundes in München im Jahre 1949 ist das Ergebnis eines geschichtlichen Prozesses, der lange vor 1945 einsetzte und der im Schmelztiegel von Widerstand, Verfolgung und Emigration weiter Gestalt annahm.

Willis Ausspruch: «Hütet die Einheitsgewerkschaft wie euren Augapfel» bezeugte seine Grundeinstellung.

Der politische Standpunkt der Gewerkschaften
für eine aktive und erfolgreiche Tarifpolitik

Nach Auffassung Willi Bleichers sind die Gewerkschaften eine au-
ßerparlamentarische Opposition innerhalb einer kapitalistischen
Wirtschafts- und Gesellschaftsordnung. Sie sind keine revolutionäre Partei, sondern sie sind die Interessenvertretung aller Arbeitnehmer. Sie so wirksam wie möglich zu gestalten, ist die erste
Voraussetzung für eine erfolgreiche Arbeit. Diese Arbeit kann nicht
durch einige kluge Köpfe bestimmt werden, sondern sie muss das
Ergebnis sein von Hunderttausenden, die in dieser Organisation
zusammengeschlossen sind. Sie muss das Resultat ihres Willens
sein.

Für uns gilt, dass wir unser Ohr am Pulsschlag der Betriebe, bei
Vertreterversammlungen, Funktionärs- und Betriebsrätekonfe-
renzen haben. Auf Grundlage der dort aufgenommenen Fakten und
Stimmungen muss eine gründliche Analyse erfolgen – und dann
muss konsequent gehandelt werden.

Unsere tarifpolitischen Forderungen begründeten wir mit Erkennt-
nissen und Erfahrungen. Diese Forderungen waren ausgerichtet an
den Bedürfnissen der Beschäftigten. Der Einzelne konnte aufgrund
seiner persönlichen Situation nachvollziehen, dass die Forderungen nicht nur aus irgendwelchen gesamtwirtschaftlichen Rech-
nungen des Sachverständigengutachtens oder der wirtschaftlichen
Institute gezogen wurden, sondern sich auf seine Bedürfnisse
stützten. Die Identifikation mit so erstellten Forderungen war des-
halb hoch. Sie erfüllen die Voraussetzungen, die notwendig sind,
um in schwierigen Phasen der Tarifverhandlungen die notwendige
Mobilität der Beschäftigten bis hin zum Streik abfordern zu können.

Nicht die Zahl der Verhandlungen oder die dort vorgetragenen
Argumente sind im Rückblick wichtig. Die Geschichte fragt nicht
nach dem Wie des Werdens, sondern sie registriert allein das Ge-
wordene. Die Ergebnisse einer so gestalteten Tarifpolitik fanden

ihren Niederschlag in Lohn- und Gehaltserhöhungen, die in aller
Regel den Produktivitätsfortschritt und die zu erwartende Preissteige-
gerungsrate auffingen, in der Lohnfortzahlung im Krankheitsfalle,
in der Arbeitszeitverkürzung, in der Verbesserung der Arbeitsbedingungen. Auch im Tarifvertrag über die analytische und summa-
rische Arbeitsbewertung – diese wurden in ihrer tarifpolitischen
Fundierung von der Mehrzahl der Beschäftigten am Beginn nicht
begriffen. Ihr Ergebnis waren aber eine Lohnerhöhung von durch-
schnittlich zehn bis zwölf Prozent und eine Leistungsbewertung,
die der Willkür der Betriebe bei der Einstufung von Leistungen ein
Ende setzte.

Steigende Mitgliederzahlen, höhere Beiträge steigerten die
Kampfkraft, erhöhten die Schlagkraft. Diese Grundsätze sind auch
noch heute gültig.

Franz Steinkühler

Willi Bleicher –
ein lebendes Versprechen

Viele Erinnerungen binden mich an Ihn. 1907 geboren, erlebte, durchlebte und erlitt er die bewegtesten Zeiten der letzten 100 Jahre deutscher Geschichte.

Er erlebte einen arbeitslosen Vater, war später selbst arbeitslos, er erlebte eine Inflation, in der das Geld stündlich abgewertet wurde. Er erlebte den Niedergang der Weimarer Republik, das Erstarken des Faschismus und schließlich dessen Machtübernahme.

Nie hat er die Verhältnisse hingenommen, wie sie waren, bereits als Jugendlicher hat er politisch dagegen angekämpft. Sein Kampf gegen den Faschismus trieb ihn in die Emigration und brachte ihn schließlich ins KZ Buchenwald.

Viele seinesgleichen sind dort den Quälereien erlegen, bezahlten ihren Kampf für Freiheit mit dem Leben. Willi Bleichers Wille hat in Buchenwald über seinen geschundenen Körper gesiegt.

Wofür stand sein Leben? Es wäre vermessen, diese Frage allgemeingültig beantworten zu wollen. Für mich war Willi Bleicher stets das lebende Versprechen, dass die Verhältnisse nicht so bleiben müssen, wie sie sind: dass sie geändert werden können.

Sein Leben zeigte: Widerstand ist möglich.

Franz Fürst

Gut gesagt, Willi

Als ich 1961 meine hauptamtliche Tätigkeit bei der IG Metall begann, war Willi Bleicher seit zwei Jahren Bezirksleiter unserer Gewerkschaft in Baden-Württemberg.

Von Anfang an hat mich Willi Bleicher stark beeindruckt. Sein Auftreten und brillantes Reden hat die Arbeitnehmer gefesselt und fasziniert. Er packte die Beschäftigten bei ihrer Ehre, lobte ihrer Hände Arbeit und geißelte das unsoziale Verhalten der Unternehmer.

Ich habe von Willi Bleicher viel gelernt, ja – er war für mich ein strenger Lehrmeister, auch wenn er nicht immer gerecht war. Alle Zusammentreffen mit ihm waren für mich gesellschaftspolitische Lehrstunden. Am besten habe ich ihn heute noch in Erinnerung durch seine kurzen und prägnanten Formulierungen, die ich festgehalten habe und hiermit wiedergebe:

«Millionen sind stärker als Millionäre.»

«Tariffragen sind Machtfragen –
es kommt nicht darauf an, was wir wollen,
sondern was wir durchzusetzen
in der Lage sind.»

«Auf einen harten Klotz
gehört ein harter Keil.»

«Unsere Arbeit war nie einfach –
aber sie war immer erfolgreich,
wenn wir solidarisch zusammenstanden.»

«Wer Wind sät, wird Sturm ernten.»

«Der Pfennig kann zum König werden –
10 Pfennig erkämpft sind mehr
als 11 Pfennig verhandelt.»

«Gewerkschaftliches Reagieren
ist ein Reagieren auf Fakten,
die die anderen gesetzt haben.»

«Politik heißt verändern.
Um zu verändern braucht man Mehrheiten.
Um Mehrheiten zu erhalten,
muss man Kompromisse machen.»

«Und wenn die Welt
voll Teufel wär' –
wir werden's doch erzwingen.»

«Die Zeiten werden sich
erst ändern, wenn zu den
Parteiversammlungen
so viele Menschen kommen
wie zu den Fußballspielen.»

«Macht nie den Fehler,
dass ihr ausgehend von
Eurem Bewusstseinsgrad
Schlussfolgerungen zieht
auf das Bewusstsein der
Anderen.»

«Ein Funktionär
muss der Basis einen Schritt,
aber er darf nicht drei Schritte
voraus gehen.»

«Ein Funktionär
muss Führung geben,
er darf nicht
der Geführte sein.»

«Lasst uns reden –
damit wir gesehen werden.»

«Lasst euch nicht
von der Lautstärke irreführen.
Denkt daran, zuweilen kann der
quakende Frosch im Teich
mehr Lärm vollführen als der
kämpfende Stier
in der Arena.»

«Hütet die Einheitsgewerkschaft
wie euren Augapfel!»

«Es gibt keine kleinen Leute –
es gibt nur Menschen,
die andere klein machen.»

«Wenn wir ein Problem rechtlich
klären lassen müssen,
ist der Fall schon verloren.»

«Die Krise gehört zum
Kapitalismus
wie die Nacht zum Tage.»

«Tradition heißt nicht
Asche aufbewahren,
sondern die Glut am Leben
halten.»

*S.21: Ein selbstbewusster
Württemberger: Willi Bleicher
auf den Stufen vor der Grab-
kapelle auf dem Rotenberg*

Rainer Fattmann

« Und wenn die Welt voll Teufel wär'… »

Willi Bleicher – ein Portrait

Familie und Jugend:
Ein Arbeiterjunge mit «Klasseninstinkt»

Willi Bleicher wurde am 27. Oktober 1907 in Stuttgart-Cann-statt als fünftes Kind von Paul und Wilhelmine Bleicher geboren; sein Vater war Schlosser im Untertürkheimer Daimler-Werk. Auch die Mutter arbeitete zuweilen in der Werkskantine des damals schon bedeutenden Unternehmens. Die Lebensumstände der Familie waren den Zeiten entsprechend karg. Das Einkommen der Eltern reichte gewiss zum Überleben, schloss aber jeden kleinen Luxus, etwa den Kauf von Spielsachen für die Kinder, weitgehend aus. Eine Verbesserung der Lebensumstände brachte 1913 der Umzug der Familie in eine neu gebaute und mit Gasleitungen ausgestat-

Arbeit im Untertürkheimer Daimler-Werk zu Beginn des 20. Jahrhunderts

tete **Daimler-Werkswohnung**, die für die mittlerweile achtköpfige Arbeiterfamilie etwas mehr Platz und Komfort bot als das alte Drei-Zimmer-Heim in einem Hinterhaus. Bald zog die Familie erneut um: Die Bleichers wohnten nun in einem eigenen Häuschen in der von einer Baugenossenschaft errichteten «Gartenstadt» Luginsland, einer in Selbsthilfe errichteten Mustersiedlung. Der dafür nötige Kredit schränkte den finanziellen Spielraum der Familie allerdings noch weiter ein. Immerhin konnten die Bleichers, wie viele Arbeiterfamilien auch, nun ihre Nahrungspalette durch Gemüse aus dem eigenen kleinen Garten ergänzen.[2]

In seiner Kindheit erlebte Bleicher nicht nur den auch in Teilen der Arbeiterschaft aufbrandenden Hurra-Patriotismus nach Ausbruch des **Ersten Weltkriegs**; er registrierte auch, so erinnerte er sich später, sehr genau das

> *Mit der Schule stand der junge Willi auf Kriegsfuß.*

Elend der französischen Kriegsgefangenen, denen er auf dem Güterbahnhof von Untertürkheim begegnete. Und er erlebte die Unsicherheit der Arbeiterexistenz am eigenen Leibe: Nachdem sich die Stuttgarter Arbeiter im sogenannten «Steuerstreik» 1920 gegen Ungerechtigkeiten bei der Erhebung der Lohn- und Einkommenssteuer gewehrt hatten[3] und die örtlichen Arbeitgeber darauf mit Aussperrungen reagierten, wurde auch sein Vater vorübergehend arbeitslos. Die Erfahrung der **damit verbundenen Not** sollte Bleicher später, er hat dies selbst mehrfach betont, als Gewerkschaftsführer und Tarifpolitiker stets sehr sorgsam abwägen lassen, ob ein Streik das damit einhergehende Risiko für die Beschäftigten rechtfertigte.[4]

Siedlungswohnungen in der «Gartenstadt» Luginsland

Mit der Schule stand der junge Bleicher auf Kriegsfuß. Ob dies allein am dort herrschenden Kasernenhofton lag oder an Bleichers langsam offenkundig werdender **Renitenz allen Autoritäten gegenüber**, muss offen bleiben; vermutlich spielten beide Faktoren eine Rolle. Jedenfalls scheinen seine schulischen Leistungen nicht ausgereicht zu haben, um – nach dem Vorbild des Vaters – bei Daimler in die Lehre zu gehen.

Stattdessen begann der Vierzehnjährige eine **Bäckerlehre**, vermutlich auch auf Rat des Untertürkheimer Pfarrers Johannes Lechler, der in der örtlichen Arbeiterschaft einiges Ansehen genoss. Bleicher betonte die sicherlich sehr konservativ eingefärbte praktisch-soziale Gesinnung des Pfarrers im Alter häufig respektvoll; aus der Kirche trat er nie aus. Neben dem Einfluss Lechlers dürfte auch die häufig prekäre Nahrungsmittelsituation seiner Familie bei Bleichers Berufswahl eine Rolle gespielt haben. 1925 legte er die Gesellenprüfung ab.

Trotz der überlangen und um vier Uhr in der Früh beginnenden Arbeitszeit begann sich Bleicher schon während seiner Lehrzeit für Politik zu interessieren. Maßgeblich beeinflusst wurde er durch

Bei der kommunistischen Jugend fühlte er sich wohl: Bleicher (2.v.l., mittlere Reihe)

die Nachbarsfamilie Schlotterbeck, wo er ein- und ausging. Dabei erschienen ihm wohl weniger deren kommunistische Ideale als solche, als vielmehr der **solidarische Umgang** der einzelnen Familienmitglieder miteinander als vorbildlich. Für ihre politische Gesinnung mussten die Schlotterbecks später einen furchtbaren Preis zahlen. Von einem Spitzel denunziert, wurden fast alle Familienmitglieder 1944 im KZ Dachau ermordet.[5]

Inspiriert durch die Nachbarsfamilie trat Bleicher schon bald der **KPD-Jugend** bei. Bereits vorher war er im örtlichen Arbeitersportverein aktiv gewesen. Auf seine **Qualitäten als Fußballer** hielt er sich auch im späteren Leben noch einiges zugute. 1925 schloss er sich dann auch der Gewerkschaft **„Deutscher Nahrungs- und Genussmittelarbeiter-Verband"** an, in der er als in einem Kleinbetrieb arbeitender Bäckerjunge allerdings eine mehr oder minder exotische Ausnahmeerscheinung gewesen sein dürfte.

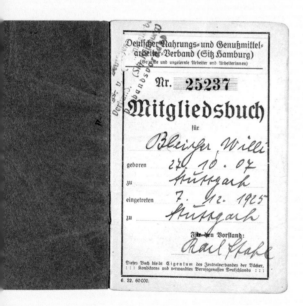

Dass Bleicher ursprünglich eine Lehre als Bäcker absolviert hatte, war in seiner späteren Zeit als Metallgewerkschafter nur wenigen Eingeweihten bekannt. In den Publikationen, die zumeist anlässlich von Jubiläen oder Ehrungen erschienen, firmiert er stets als Schlosser.[6] Erst der Journalist Hermann Abmayr stellte den Sachverhalt 1992 in seinem Buch «Wir brauchen kein Denkmal – Willi Bleicher: Der Arbeiterführer und seine Erben» richtig.[7] Offensichtlich meinte Bleicher nach Kriegsende, sein Nimbus als Führer der südwestdeutschen Metallarbeiter könnte leiden (und seine Verhandlungsmacht als Tarifpolitiker geschwächt werden), wenn sein an sich doch alles andere als ehrenrühriger beruflicher Werdegang öffentlich würde.

Dem Bäckerberuf jedenfalls kehrte Bleicher schnell den Rücken zu, vielleicht auch schon aus politischen Gründen (denn die politische Agitation in einer Zwei-Personen-Bäckerei war damals wie heute eine undankbare Aufgabe). 1927 heuerte er tatsächlich bei Daimler-Benz an, zunächst im Vertrieb, 1928 dann als **Hilfsarbeiter in der Gießerei**. Vermutlich 1927 trat er dem **Deutschen Metallarbeiter-Verband (DMV)** bei, dessen Hauptquartier sich bis 1928 übrigens noch in Stuttgart befand. Allerdings verlor er schon bald, vermutlich im Mai, seinen Arbeitsplatz; ob seine

politische Überzeugung dafür (mit-) verantwortlich war, ist unklar. Förderlich für seinen beruflichen Werdegang war sie sicherlich nicht. Was folgte, war eine rund einjährige Beschäftigung bei «Glasdach Zimmermann» in Untertürkheim. Ab Mitte 1929 war Bleicher, bis einschließlich 1935, zumeist arbeitslos, unterbrochen von verschiedenen Gelegenheitsjobs, unter anderem auch wieder in seiner Lehr-Bäckerei. Die **Weltwirtschaftskrise** trieb die Erwerbslosigkeit bis zum ersten Quartal 1933 auf über sechs Millionen registrierte Arbeitslose. Die Zerstörungskraft dieser ökonomischen Katastrophe ließ die Chancen der Entlassenen auf neue Arbeit fast auf Null sinken.

Nicht gerade als Facharbeiter, aber immerhin beim Daimler – Willi Bleicher als Hilfsarbeiter auf einer Baustelle des Autoherstellers

Ob in der Familie ...

Bleicher nutzte die erzwungene Muße zu Diskussionen und Unternehmungen mit den Genossen des kommunistischen Jugendverbandes. Er las viel, etwa zur **Geschichte der Arbeiterbewegung,** aber auch die **Schriften von Marx und Engels, oder auch von Lenin,** dessen gewerkschaftspolitische Vorstellungen er später immer wieder zitieren sollte. Schon 1928 geriet Bleicher dann mit der herrschenden Parteidoktrin – und damit zu seinem Leidwesen auch mit vielen seiner Jugendfreunde – in Konflikt. Nach einem der zahlreichen abrupten, diesmal «ultralinken» Kurswechsel der Parteiführung – sie befolgte mittlerweile vollständig die Anweisungen Moskaus und der Kommunistischen Internationale (Komintern) – richtete die KPD nun ihren Kampf in erster Linie gegen die als «sozialfaschistisch» diffamierte SPD. Zugleich befahl sie den Aufbau einer «Revolutionären Gewerkschaftsopposition» (RGO) in Konkurrenz zu den Freien Gewerkschaften, eine Provokation auch in den Augen des in der Weimarer Republik stets linkssozialistisch und klassenkämpferisch ausgerichteten DMV.

> *In der KPO wirkte er der Spaltung entgegen.*

Bleicher war hellsichtig genug, den **Katastrophenkurs der Parteileitung** als aberwitzig zu durchschauen und dagegen im Kreis seiner Freunde und Genossen Stellung zu nehmen. Die unausweichliche Folge war der **Parteiausschluss** im Mai oder Juni 1929.

Bleicher schloss sich nun der Jugendorganisation der **«Kommu-nistischen Partei Opposition» (KPO)** an, einer reichsweit indes bedeutungslosen Splittergruppe um August Thalheimer und Heinrich Brandler. In Stuttgart lag einer ihrer organisatorischen Schwerpunkte, eine ganze Reihe kommunistischer Funktionäre des DMV gingen ebenfalls in die KPO. So war sie gerade hier bis zu einem gewissen Grad auch in den Betrieben verankert. Die Oppositionskommunisten sahen eine ihrer Hauptaufgaben darin, die politische Spaltung der Arbeiterbewegung zu überwinden. Die KPO sei zudem die einzige Kraft gewesen, so urteilte Bleicher im Rückblick, die den Nationalsozialismus bereits vor 1933 richtig eingeschätzt und in seiner Gefährlichkeit erkannt habe.[8]

Anfang der 1930er-Jahre hatte es Bleicher als Aktivist der KPO-Jugend sowie als Mitglied und vermutlich auch ehrenamtlicher Jugendfunktionär des DMV zu einiger Bekanntheit in seinem lokalen Umfeld gebracht. Als er 1936 wegen **Vorbereitung zum Hochverrat** von der Stuttgarter Staatsanwaltschaft angeklagt wurde, listete diese eine ganze Reihe von Ämtern auf, die er in der Jugendorganisation der KPO innegehabt haben soll. Tatsächlich aber reichte der Aktionsradius von Bleichers politischen Aktivitäten in dieser Zeit wohl kaum über das Stuttgarter Umfeld hinaus.[9]

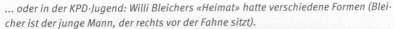

... oder in der KPD-Jugend: Willi Bleichers «Heimat» hatte verschiedene Formen (Bleicher ist der junge Mann, der rechts vor der Fahne sitzt).

Wichtig: Nie von der Straffache schreiben, sonst wird der Brief nicht weiterbefördert! Nie gefütterte Briefumschläge verwenden!

Gerichtsgefängnis in Stuttgart.

Absender: Willi Bleicher Unterf. Amtsgericht

Anschrift des Empfängers: Paul Bleicher ...

Man beachte:
1. Besuche: Nur Dienstags bis Samstags jeweils vormittags 8–11 Uhr, sonst ausgeschlossen. Zugelassen: nur nächste Angehörige; sonstige Personen nur in dringenden geschäftlichen Angelegenheiten. Jeweils nur eine Person.
   Nicht zugelassen werden: Kinder oder Personen des anderen Geschlechts, die in keinem Angehörigenverhältnis stehen.
   ...
2. Schreiberlaubnis: ...
3. Abgegeben werden darf nur: Geld und Wäsche.
   ...
4. Wäscheabgabe: nur zu den Besuchszeiten (f. oben). Dem Wäschepaket ist ein genaues Inhaltsverzeichnis beizulegen.
   Etwa in den Wäschepaketen enthaltene Lebensmittel werden in der Gefängnisküche verwendet.

Stuttgart, den 8. ... 1936

Meine Lieben!

Seit März 1933 hielt sich Willi Bleicher in Stuttgart an ständig wechselnden Wohnsitzen auf. Wie viele Linke arbeitete er nun im engsten Zirkel gegen das Unrechtsregime, unter anderem war er an der Herstellung und Verteilung antifaschistischer Flugschriften beteiligt. Rückblickend erinnerte er sich immer noch enttäuscht an die politische Trostlosigkeit jener Tage:[10] Die «Arbeiterklasse» und ihre Organisationen hatten **weitgehend kampflos vor den Nazis kapituliert.** Im Mai flüchtete er ins schweizerische Schaffhausen, weitere Etappen der Emigration in Frankreich und im noch freien Saarland schlossen sich an, bevor er Anfang 1935 wieder nach Stuttgart zurückkehrte. Hier wurde er zu seinem Entsetzen mit Spitzelvorwürfen der örtlichen KPO-Leitung gegen ihn konfrontiert, die er unter den Bedingungen der Illegalität nicht ausräumen konnte und die vermutlich mit einer Unvorsichtigkeit seiner langjährigen Freundin Helene Beck zusammenhingen, für die er in Mithaftung genommen wurde.[11] Abgeschnitten von seinen KPO-Kontakten, schloss er sich nun der **Widerstandsgruppe Neckarland** an, von der zahlreiche Widerstandsaktionen in den Stuttgarter Neckarvororten ausgingen

Willi Bleicher...

... und Freundin
Helene Beck

und in der er alte Mitstreiter aus seiner KPD-Zeit wieder traf. Anfang 1936 flog die Gruppe auf, für Bleicher begann eine jahrelange Haftzeit, die sein weiteres Leben entscheidend prägte.

1936 verurteilte der erste Strafsenat des Oberlandesgerichts Stuttgart[12] Bleicher wegen der «Vorbereitung eines hochverräterischen Unternehmens» zu **zweieinhalb Jahren Haft.** Anstatt jedoch nach Ablauf der Haftzeit wie gehofft entlassen zu werden, wurde er zunächst in das **Konzentrationslager Welzheim** im Schwäbischen Wald eingeliefert und im Oktober 1938 ins **KZ Buchenwald** bei Weimar verschleppt. Schließlich kam er, nachdem er als Mitorganisator einer Häftlingsfeier für den ermordeten KPD-Führer Ernst Thälmann schweren Folterungen ausgesetzt worden war, ins Gestapo-Gefängnis in Ichtershausen. Nicht genug damit, überlebte er in den letzten Kriegswochen mit knapper Not einen Todesmarsch der aus Ichtershausen in Richtung Erzgebirge getriebenen politischen Häftlinge, auf dem er einmal mehr den Tod vieler Kameraden miterleben musste.

Die Schrecken des Lagers konnte Bleicher später nicht vergessen. Er sprach aber fast nie davon. Genauso wenig Aufhebens machte er von einer Hilfsaktion, die zu seinem großen Ansehen und Charisma in der Nachkriegszeit wesentlich beitrug: Zusammen mit anderen Häftlingen des illegalen internationalen Lagerkomitees aus

> *Die Schrecken des Lagers konnte er nie vergessen.*

politischen Häftlingen (dem er selbst angehörte) rettete er einem kleinen polnisch-jüdischen Jungen, dem so genannten **«Kind von Buchenwald»**, das Leben. Der Junge hieß Stefan Jerzy Zweig und wurde damals zusammen mit seinem Vater im Alter von drei Jahren nach Buchenwald gebracht.[13] Bleicher wurde hierfür später von der israelischen Gedenkstätte Yad Vashem als **«Gerechter unter den Völkern»** ausgezeichnet, eine Ehrung, die nur wenigen Deutschen zuteil wurde und eine der wenigen Auszeichnungen, die er auch akzeptierte. 1958 erschien der Roman «Nackt unter Wölfen» des DDR-Autors Bruno Apitz, der dem Widerstand der Buchenwald-Häftlinge ein Denkmal setzte. Nur leicht von den wahren Begebenheiten abgewandelt, nimmt die Rettungsaktion eines Kindes darin einen zentralen Platz ein. Das Buch wurde 1963 von Frank Beyer mit großem Erfolg verfilmt. Die Hauptrolle, die Willi Bleicher nachempfundene Figur André Höfel, spielte Armin Müller-Stahl.

Der alltägliche Terror, dem Bleicher und seine Mithäftlinge unterworfen waren, und die Rolle, die er als einer der politischen Lagerfunktionäre, der sogenannten «Kapos», innerhalb Buchenwalds spielte, kann an dieser Stelle schon aus Platzgründen nicht angemessen geschildert werden.[14] Dass die jahrelange Bedrohung der nackten physischen Existenz ihn auf Dauer prägte, ist selbstverständlich. Dass er überhaupt überlebte, führte er immer auf die Solidarität der politischen Häftlinge, der «Kumpel», untereinander zurück; ihre **«Hilfsbereitschaft bis zur Selbstaufopferung»** blieben ihm stets im Gedächtnis.[15]

Bleicher hielt bis an sein Lebensende engen Kontakt zu vielen Buchenwalder Mithäftlingen, auch in der DDR und in Polen. Zugleich bewahrte er die Erinnerung, dass unter den Bedingungen des KZ-Terrors die politischen Unterschiede zwischen den Häftlingen ihre Bedeutung verloren hatten. Er beurteilte die Menschen künftig danach, ob sie in seinen Augen ein **«anständiger Kerl waren»**, nicht danach, ob sie kommunistisch, sozialdemokratisch oder christlich orientiert waren.

Als Kind überlebte er – unter anderem durch Willi Bleichers entschlossenes Handeln – das Konzentrationslager: Stefan Jerzy Zweig (das Bild entstand kurz nach der Befreiung des KZ Buchenwald).

Wiedersehen 1964 in Stuttgart: Willi Bleicher und Stefan Jerzy Zweig

Neubeginn und Wiederaufbau

Anfang Juni 1945 kehrte Willi Bleicher in seine Heimatstadt zurück. Von den Amerikanern wurde er an der Grenze zur Tschechoslowakei befreit. Es gelang ihm, sich aus einem Kriegsgefangenenlager bei Eger zunächst wieder nach Buchenwald durchzuschlagen (wo er seine Papiere holte), und dann, teilweise indem er auf vorbeifahrende Züge aufsprang, nach Stuttgart zurückzukehren. Auf dieser Fahrt erlebte er erstmals die **Verwüstungen, die das NS-Regime hinterlassen hatte,** aus eigener Anschauung.

Stuttgart war weithin zerstört, ein großer Teil der Bevölkerung ins Umland geflüchtet. Etwa fünf Millionen Kubikmeter Schutt und Trümmermasse bedeckte Straßen und Plätze. Die seelischen Verwüstungen, die die NS-Herrschaft hinterlassen hatte, waren aber noch schwerer abzutragen als die materiellen Schäden – nicht nur in Stuttgart.

Willi mit Anneliese Bleicher und Sohn Gerhard...

Die Kommunalverwaltung unter dem von der französischen Be-
satzungsmacht eingesetzten neuen Oberbürgermeister Arnulf Klett
kam nur langsam wieder in Gang. Ihr zur Seite – teilweise auch
im Konflikt zu ihr – konstituierten sich unmittelbar nach dem Ein-
marsch der französischen Truppen provisorische Arbeitsausschüsse, zumeist unter der Leitung ehemaliger Kreis- und Bezirksräte der
Arbeiterparteien. Sie verstanden sich als Wortführer der örtlichen
Nazigegner und bemühten sich, die primitivste Versorgung der Bevölkerung zu gewährleisten und Aufbauarbeiten durchzuführen.[16]
Bleicher engagierte sich im **Untertürkheimer Arbeitsausschuss**.
Eine seiner vordringlichsten Aufgaben bestand darin, sich um die
noch vor Ort befindlichen zahllosen, zumeist polnischen und sowjetischen Zwangsarbeiter zu kümmern – und sie von unüberlegten
Aktionen oder gar
Racheakten abzu-
halten. Dies gelang
ihm offensichtlich;
als ausgewiesener
Kämpfer gegen die
NS-Diktatur und
ausgestattet mit
einem (mehrspra-
chigen) Ausweis des

... und mit Tochter Ingeborg

KZ Buchenwald akzeptierten ihn die verschleppten und ausgebeuteten Menschen als Ansprechpartner. Zugleich war er mit der **Entnazifizierung** im Untertürkheimer Daimler-Werk befasst, einem Unterfangen, dessen Ergebnisse er selbst bald als **sehr fragwürdig** einschätzte. Nach der ersten Gemeinderatswahl im Mai 1946 verloren die Arbeitsausschüsse ihre Bedeutung und lösten sich auf.

Nach Kriegsende trat Bleicher zunächst wiederum in die KPD ein. Sie habe, so glaubte er, aus den Fehlern der Vergangenheit gelernt. Im übrigen, so erschien es vielen Kommunisten und auch etlichen Sozialdemokraten unmittelbar nach Kriegsende, sei die **Überwindung der politischen Spaltung der Arbeiterbewegung** nur eine Frage der Zeit.

Sein Hauptaufgabengebiet sah Bleicher aber nunmehr in der gewerkschafts-, nicht mehr in der parteipolitischen Arbeit (auch wenn er für die KPD auf einem aussichtslosen Listenplatz für den ersten Stuttgarter

> *Seine Arbeit mit jungen Gewerkschaftern war sehr erfolgreich.*

Gemeinderat kandidierte). Anfang 1946 holte ihn der Stuttgarter IG Metall-Bevollmächtigte Karl Mössner, der wie Bleicher in der KPO aktiv gewesen war, zur Metallgewerkschaft. Der nun 38jährige übernahm den Bereich Jugendarbeit, in dem er sofort ein enormes Arbeitspensum an den Tag legte. Schon 1947 begann sein Aufstieg in der Organisation: Auf Initiative Hans Brümmers, des Vorsitzenden der damals noch selbstständigen **Metallgewerkschaft Württemberg-Badens**, trat er in den geschäftsführenden Vorstand ein. Als sich im Oktober 1948 die Metallgewerkschaften der amerikanischen und britischen Besatzungszonen in Lüdenscheid vereinigten, wählten die Delegierten Bleicher in das damals elfköpfige Leitungsgremium. Wiederum war er mit der **Jugendarbeit** betraut.

Die Arbeit Bleichers mit den jungen Gewerkschaftern gestaltete sich außerordentlich erfolgreich. Noch 1946 organisierte er in

Stuttgart eine Jugendkonferenz mit etwa 280 Teilnehmern, die rund 4.000 Lehrlinge vertraten. Zum Jahresbeginn 1948 erschien dann – gefördert von Bleicher– erstmals wieder eine eigenständige Zeitung für junge Gewerkschaftsmitglieder.[17] Bleicher sah in dem Kampf gegen die Ausbeutung junger Menschen und gegen Lehrlingsmisshandlung eine der Zentralaufgaben seiner Organisation; bei Konflikten mit älteren Kollegen stellte er sich im Zweifel, so berichtet es Hermann Abmayr nach Interviews mit zahlreichen Zeitzeugen, auf die Seite «seiner» Jugendvertrauensleute.

Einst Kameraden im KZ, später IG Metall-Funktionäre: Willi Bleicher, Ludwig Becker, Eugen Ochs (von links)

Bleichers gewerkschaftspolitische Grundsätze lagen bereits zu Beginn seiner Karriere in der Metallgewerkschaft in den wesentlichen Punkten fest. Er verfocht stets die Überzeugung, dass die Gewerkschaften in einer Klassengesellschaft zu operieren haben, deren Hauptmerkmal der auf immer unüberwindbare und letztlich **durch keine Kompromisse aufzuhebende Gegensatz zwischen Kapital und Arbeit** sei. Den Begriff der «Sozialpartnerschaft» wies er Zeit seines Lebens als irreführend zurück. Auch jede Zusammenarbeit mit der Regierung sei schädlich. Die Aufgabe der Gewerkschaften müsse es sein, so erklärte er auf dem zweiten Kongress des DGB 1952 in Berlin, dafür zu kämpfen, die «Wirkungen dieser (kapitalistischen) Wirtschaftsordnung auf der gesellschaftspolitischen Ebene abzuschwächen», (...) «in reformatorischer Arbeit das Leben uns erträglicher zu machen» und «uns mit allen uns zur Verfügung stehenden gewerkschaftlichen Mitteln einen gerechteren Anteil am Sozialprodukt zu sichern.»[18] Mit anderen Worten: Bleicher sah die Hauptaufgabe der Gewerkschaften in der alltäglichen, konsequenten **Interessenpolitik zu Gunsten der Arbeitnehmer**. Auch vor diesem Hintergrund war ihm die politische und weltanschauliche Orientierung der einzelnen Gewerkschaftsfunktionäre – Tüchtigkeit vorausgesetzt – stets weitgehend gleichgültig.

„Funktionäre müssen Vorbild sein."

Um ihren Aufgaben gerecht zu werden, sollten die Gewerkschaftsfunktionäre laut Bleicher ihr Augenmerk immer auf die politische Schulung der Arbeiterschaft legen. Klassenbewusstsein der Arbeiter entwickle sich nur unter gewerkschaftlicher Führung, besonders im Streik. Die Funktionäre hätten Vorbilder für die Arbeiter zu sein, auch im Privaten. Bleichers Blick auf die (damals noch nicht so genannte) Basis war dabei sicherlich alles andere als sentimental und zuweilen sogar ausgesprochen pessimistisch. Das lag nicht zuletzt in seiner Beobachtung der **Anpassungsbereitschaft weiter Teile der Arbeiterschaft während der NS-Diktatur** begründet. Dass sich nach 1945 die von ihm ersehnte Umgestaltung der Wirtschaft, die Überwindung des Kapitalismus als Wurzel allen Übels, nicht habe durchsetzen lassen, habe nicht etwa an der Willensschwäche der Gewerkschaftsaktivisten, sondern an der Apathie und dem mangelnden Klassenbewusstsein der Arbeiterschaft gelegen. «Von Klassenbewusstsein» so urteilte er später, sei in der Nachkriegszeit – wie auch später – «nicht viel zu spüren (gewesen)».[19]

Zugleich war er nach dem Krieg der festen Überzeugung, dass der Faschismus das Resultat des Versagens der deutschen Arbeiterbewegung einschließlich ihrer Gewerkschaften gewesen sei. «Die Zersplitterung, diese Uneinigkeit, der Kampf der Arbeiter gegeneinander, das war das Wasser auf die Mühlen der Nazi-Organisationen.»[20] Daher müsste, so betonte Bleicher immer wieder in Anlehnung an Worte des ersten DGB-Vorsitzenden Hans Böckler, die **Einheit der Gewerkschaften** «wie unser eigener Augapfel» gehütet werden. «Wir haben», so umriss er seine Position schon 1949 vor den Delegierten des 3. Kongresses des Gewerkschaftsbundes Württemberg-Baden, «In unserer Organisation weder christliche Gewerkschaftler, noch kommunistische, noch sozialdemokratische, noch parteipolitisch neutrale oder nicht gebundene Gewerkschaftler, sondern wir sind alle miteinander Gewerkschaftler, die dem Statut unseres Bundes unterworfen sind.» An gleicher Stelle forderte er, **«nichts unversucht zu lassen, aber auch nichts, um die Kollegen des Angestelltenverbandes in unserem Kreis zu behalten.»**[21]

Willi Bleicher blieb stets ein konsequenter Verfechter des Gedankens der Einheitsgewerkschaft. Hierin sah er eine der wichtigsten Lehren aus der deutschen Katastrophengeschichte. Für seinen **erneuten Austritt aus der KPD im April 1950** dürfte vor diesem Hintergrund die zunehmend gewerkschaftsfeindliche Politik der Partei bereits eine entscheidende Rolle gespielt haben, auch wenn sich die

Gewerkschafter von Beruf zu sein, hatte für Willi Bleicher Licht– ...

... und Schattenseiten.

Westkommunisten erst auf ihrem «Münchner Parteitag» im März 1951, (der in Wirklichkeit in Weimar stattfand) endgültig ins historische Abseits stellten, indem sie in der damals schon grotesk anmutenden «These 37» unter anderem «den rechten Gewerkschaftsführern» vorwarfen, ihre Organisationen «im Auftrage und Interesse des amerikanischen Imperialismus und im Einklang mit den deutschen Monopolisten (...) in den Dienst der Kriegsvorbereitung» zu stellen. Schließlich reagierte der IG Metall-Vorstand auf offenkundig drohende innergewerkschaftliche Fraktionsbildung mit großer Härte. Im Mai 1951 versandte er an alle der KPD angehörenden Verbandsfunktionäre eine Verpflichtungserklärung («Revers»), in der diese ihre Gewerkschaftsloyalität präventiv bekunden und sich vom Inhalt der These 37 distanzieren mussten. Die Ära der «Reverspolitik» hatte begonnen, die in der IG Metall bis Ende 1955 andauerte und in deren Verlauf fast alle kommunistischen Funktionäre entweder aus der Partei austraten oder ihre Posten in den Gewerkschaften verloren.

Nachdem er 1946 zunächst in der sowjetischen Besatzungszone «noch einige gewerkschaftliche Grundsätze verankert» gesehen

Eingängige Schlagzeilen, Musik und ein überzeugender Redner

hatte,[22] war es Bleicher darüber hinaus nicht entgangen, dass die im ostdeutschen «Freien Deutschen Gewerkschaftsbund» (FDGB) verwirklichten «gewerkschaftlichen» Prinzipien seinen eigenen Grundsätzen diametral entgegengesetzt waren. Der als «Volksdemokratie» getarnten stalinistischen Diktatur in der DDR erteilte er dann 1952 auf dem DGB-Bundeskongress eine deutliche Absage.[23]

Dies alles hinderte ihn nicht daran, in seinem Inneren stets ein dezidiert Linker, sozusagen ein **unorthodoxer, parteiunabhängiger Kommunist** zu bleiben. Marx und Lenin blieben die Autoritäten seines politischen Denkens. Zur SPD, der er 1954 wohl eher aus taktischen Gründen beitrat, blieb sein Verhältnis stets kritisch und distanziert, ja unterkühlt. Und trotz seines Austritts aus der KPD unternahm er als Gewerkschaftsfunktionär immer wieder den Versuch, auch kommunistische Gewerkschafter in der Organisation zu halten, jedenfalls solange sie sich kein aus seiner Sicht gewerkschaftsschädigendes Verhalten zuschulden kommen ließen. Den Kontakt mit seinen ehemaligen Mithäftlingen in Buchenwald ließ er sich ohnehin von niemandem verbieten, egal ob diese weiterhin Kommunisten blieben oder auch nicht.

Obwohl Bleicher somit bereits im Frühjahr 1950 dem Parteikommunismus den Rücken gekehrt hatte, erlitt seine bisher so vielversprechende gewerkschaftliche Karriere auf dem ersten ordentlichen Gewerkschaftstag der IG Metall im September einen **herben Dämpfer**. Als Ergebnis der sich immer mehr zuspitzenden Auseinandersetzung der IG Metall-Führung mit der KPD-Politik verloren alle drei in Lüdenscheid gewählten KPD-Vertreter im Vorstand ihre Posten – auch Bleicher.[24]

Bleichers Berufsweg war zunächst auf dem Abstellgleis gelandet. In der Frankfurter Zentrale bezog er einstweilen zwar weiter sein altes Gehalt, wurde aber nur noch zu untergeordneten Sachbearbeitertätigkeiten herangezogen. Dass dies der **Vollblutgewerkschafter** Bleicher nicht nur als **ungerecht**, sondern auch als nicht seinen Fähigkeiten entsprechend empfand, steht außer Frage. Sein Verhältnis zum Vorstand blieb nicht zuletzt in Folge dieser Zurücksetzung für lange Zeit angespannt.

Etwa ein Jahr nach seiner «Degradierung» nahm Bleicher einen neuen Anlauf. Als die Stelle des IG Metall-Bevollmächtigten in Göppingen unerwartet neu zu besetzen war, gehörte er zu den Bewerbern. Mit knapper Mehrheit setzte der nunmehr parteilose Vorstandsangestellte sich im Oktober 1951 gegen einen Konkurrenten durch.[25]

Auch als Göppinger Bevollmächtigter behielt Bleicher die allgemeine politische Entwicklung im Blick. Wie kaum ein anderer IG Metall-Bevollmächtigter machte er sich in der ersten Hälfte der 1950er-Jahre **gegen die Pläne der Adenauer-Regierung zur Wiederbewaffnung** der Bundesrepublik stark. In zahllosen Veranstaltungen versuchte er, die Basis gegen die «Remilitarisierung» zu mobilisieren. Im Februar 1955 gelang es ihm in Göppingen zusammen mit Hans Mayr, dem damaligen DGB-Kreisvorsitzenden (und späteren IG Metall-Chef), Tausende von Arbeitern «gegen ein Wiederaufleben des Militarismus» auf die Straße zu bringen, letztlich bekanntermaßen ohne Erfolg. Im Kampf um die paritätische Mitbestimmung hatten die Gewerk-

Bleicher zusammen mit Ludwig Becker

schaften Mitte 1952 ebenfalls eine herbe Niederlage hinnehmen müssen. Enttäuscht kritisierte Bleicher, neben vielen anderen, auf dem zweiten Bundeskongress des DGB im Oktober 1952 die DGB-Spitze für ihre in seinen Augen zu unentschlossene und zögerliche Politik.[26]

Das Hauptaufgabengebiet Bleichers als Bevollmächtigter lag jedoch naturgemäß in der **Betreuung der Gewerkschafter vor Ort**. Er machte sich nun als entschlossener Vertreter der Göppinger Belegschaften erneut einen Namen, besuchte nahezu im Akkord einen Betrieb nach dem anderen und war bald bestens mit den lokalen Gegebenheiten vertraut; zugleich erwarb er sich durch sein entschiedenes Auftreten den **Respekt der Unternehmerseite**. Um Konventionen kümmerte er sich dabei wie gewohnt wenig. Auf einer Betriebsversammlung fiel ihm die junge Akkordarbeiterin Hilde Kirsamer auf, die er von da an förderte und die schließlich zur Betriebsratsvorsitzenden bei Märklin aufstieg. Frauen waren in der IG Metall in den 1950er-Jahren weit stärker unterrepräsentiert als heute; dass es eine – noch dazu ungelernte – **Hilfsarbeiterin daher zur Betriebsratsvorsitzenden** eines bedeutenden Betriebs brachte, war Anfang der 1950er-Jahre **fast eine Sensation**. Bleicher erfüllte dies mit Stolz, auch wenn das später so heiß diskutierte Thema Chancengleichheit zwischen den Geschlechtern in seinem politischen Denken sicherlich keine besondere Rolle spielte. Ebenfalls unter seiner Ägide wurde dann mit Hilde Kellenbenz ebenfalls eine Frau zur Kassiererin der Göppinger Verwaltungsstelle gewählt, wiederum als eine der ersten Frauen in der Geschichte der IG Metall in dieser Funktion.

Im September **1954 folgte Willi Bleicher einem Ruf des Bezirksleiters** der IG Metall in Stuttgart, **Ludwig Becker**, und trat hier die Stelle eines Bezirkssekretärs an. Bald galt er als zweiter Mann in Stuttgart und rechte Hand Beckers. Der damals 62jährige Bezirksleiter blickte ähnlich wie Bleicher auf ein bewegtes gewerkschaftspolitisches Leben zurück. Bereits vor 1933 im DMV aktiv, hatte er unter den Nationalsozialisten eine mehrjährige Haftzeit durchlitten. Auch Becker schloss sich nach 1945 zunächst der KPD an, die er 1947-52 zudem als Abgeordneter im Landtag von Südwürttemberg-Hohenzollern vertrat. Auch er trat (einige Monate später als Bleicher) erneut aus der KPD aus und übernahm im folgenden Jahr die Bezirksleitung in Stuttgart. Damit war er zu diesem Zeitpunkt vermutlich der einzige Bezirksleiter der IG Metall, der über kein Parteibuch der SPD verfügte. Erst 1955 trat er der Sozialdemokratie bei.

Unter Becker trat Bleicher erstmals bundesweit ins Rampenlicht der Öffentlichkeit. Für die IG Metall hatte sich schon zu Beginn der 1950er-Jahre das Tarifgebiet Nordwürttemberg/Nordbaden als der entscheidende Vorreiterbezirk herauskristallisiert. Der Respekt der Arbeitgeber vor der bestens organisierten Gewerkschaft um Becker und Bleicher ermöglichte Tarifabschlüsse, welche sich die Gewerkschaft in anderen Tarifbezirken zum Leitbild nahmen. Gegenüber «unbotmäßigen» Gewerkschaftsfunktionären, die in den Augen des immer besser eingespielten Tandems Becker/Bleicher gegen die **innergewerkschaftliche Disziplin** verstießen, konnten beide jede Rücksichtnahme bei Seite lassen. Als sich etwa der Betriebsratsvorsitzende der Wieland-Werke AG in Ulm trotz mehrfacher Warnungen 1958 öffentlich gegen die Tarifforderungen der Metallgewerk-

Willi Bleicher (mit dem dunklen Hut) als Gast auf einem Jugendlager. Zwei Reihen unter ihm ein junger Mann namens Franz Steinkühler.

schaft wandte, handelte er sich – neben einer ausführlichen Berichterstattung auch der überregionalen Presse[27] – den Ausschluss aus der IG Metall ein.

Aber auch mit harten Bandagen ausgefochtene **Auseinandersetzungen mit einzelnen Arbeitgebern** zementierten nun den Ruf der Stuttgarter Bezirksleitung als kampferprobte Führung einer

Gewerkschaftsorganisation, mit der nicht zu spaßen sei: Aus allen Teilen Baden-Württembergs versammelten sich am 17. Februar 1956 rund 12.000 Gewerkschafter zu einer Protestkundgebung gegen die Bizerba Waagenfabrik Wilhelm Kraut AG. Sie protestierten dagegen, dass Becker und Bleicher mit Gewalt aus einer Betriebsversammlung des Unternehmens hinauskomplimentiert worden waren, wobei Bleicher «wiederholt von den im Versammlungsraum Stehenden in den Hintern getreten wurde.»[28]

Zwar empfand Bleicher den Ausgang des sich anschließenden Rechtsstreits als Niederlage, doch hatte die IG Metall Baden-Württemberg ihre Kampagnenfähigkeit zweifellos eindrucksvoll demonstriert. Ein Jahr später brachte die Organisation bei einer Kraftprobe mit der Firma Vollmar im schwäbischen Biberach dann sogar 20.000 Metaller auf die Straße und wehrte sich im Ergebnis erfolgreich gegen Maßregelungen der Firma gegenüber einzelnen Arbeitern und gegen den in diesem Betrieb von den Arbeitnehmern beklagten Kasernenhofton.

Obwohl Bleicher (wie auch Becker) generell für einen **konfliktbereiten** und gegebenenfalls auch «rücksichtslosen» Kurs gegenüber den Arbeitgebern stand, verlor er nie den Blick für das Mögliche. Als 1954 alle Zeichen auf einen Arbeitskampf innerhalb der südwestdeutschen Metallindustrie zu deuten schienen, zählte Bleicher zur Minderheit der Mahner und Warner. Die Erfahrungen aus «21 Betriebsversammlungen, sieben Diskussionsabenden, 20 Betriebsratssitzungen, fünf Mitgliederversammlungen, fünf Funktionärssitzungen und drei Ortsverwaltungssitzungen», so erklärte er anlässlich einer heftigen Debatte in der Großen Tarifkommission für Nordwürttemberg-Nordbaden, ließen ihn die Kampfbereitschaft der Basis sehr skeptisch einschätzen: **«Ohne die Bereitschaft unserer Mitglieder ist nichts zu machen»**, so seine Konsequenz.[29] Schließlich gelang es nach mehreren Schlichtungsverfahren, in die

> *Bei Konflikten verlor er nie den Blick für das Mögliche.*

«In der Einheit liegt unsere Stärke» – für Willi Bleicher eine entscheidende Aussage

sich auch die Stuttgarter Landesregierung einschaltete, «auf dem Verhandlungswege, das heißt ohne Streik, ein Ergebnis zu erzielen, das zweifellos einen beachtlichen gewerkschaftlichen Erfolg darstellt» – so die damalige Einschätzung Ludwig Beckers in einem Flugblatt der Stuttgarter Bezirksleitung.[30] Und in der Tat: Die IG Metall hatte mit Lohnerhöhungen von sechs beziehungsweise acht Pfennigen des Zeit- beziehungsweise Akkordlohnes ihr Ausgangsziel weitgehend erreichen können und die Stuttgarter Bezirksleitung damit ihre Rolle als **tarifpolitische Lokomotive** im Organisationsbereich der IG Metall noch einmal nachdrücklich unterstrichen.

Becker baute Bleicher systematisch zu seinem Wunschnachfolger auf und verschob deswegen sogar seinen für 1958 geplanten Eintritt in den Ruhestand um ein Jahr. Im März 1959 stellt der IG Metall-Vorstand dann tatsächlich **Bleicher** in der Nachfolge Ludwig Beckers als **Stuttgarter Bezirksleiter** ein. Auch Otto Brenner, der seit 1956 als Erster Vorsitzender der IG Metall amtierte, hatte sich für ihn ausgesprochen. 13 Jahre sollte Bleicher von nun an unangefochten an der Spitze der IG Metall in Baden-Württemberg stehen – und die Tarifpolitik seiner Organisation entscheidend prägen.

ARBEITER
SIND MIT EU[R]

**Bezirksleiter der
IG Metall Baden-Württemberg:
«Arbeiterführer» und Tarifpolitiker**

Das Hauptarbeitsfeld Willi Bleichers in seiner Funktion als
Stuttgarter Bezirksleiter war zweifellos die Tarifpolitik. Schon unter
seinem Vorgänger Ludwig Becker hatte der Tarifbezirk Nordwürtt-
emberg/Nordbaden in der Lohnpolitik eine wichtige Rolle gespielt.
In der Ära Bleicher stand der deutsche Südwesten dann erneut im
Brennpunkt heftiger Tarifauseinandersetzungen zwischen Gewerkschaft und Arbeitgebern; die hier erzielten Abschlüsse sollten nun
wiederholt die Maßstäbe für die bundesweite Entwicklung setzen.[31]

Dabei konnte die IG Metall bereits gegen Ende der 1950er-Jahre
bundesweit, aller nicht ausgebliebenen Misserfolge zum Trotz,
eine **beeindruckende tarifpolitische Erfolgsbilanz** vorweisen. Der
Streik der Werftarbeiter in Schleswig-Holstein, der um die Jahres-
wende 1956/57 sechzehn Wochen angehalten hatte, ebnete der
Gleichstellung der Arbeiter mit den Angestellten bei der Lohnfortzahlung im Krankheitsfall den Weg. Das «Bremer Abkommen» von

1956 brachte der Metallindustrie eine Minderung der Arbeitszeit von 48 auf 45 Stunden, denen eine Reihe von Anschlussregelungen folgte. Sie mündeten schließlich im «Bad Homburger Abkommen» vom 8. Juli 1960, das die stufenweise Einführung der 40-Stunden-Woche bis zum 1. Juli 1965 vorsah. Zugleich gelang zwischen 1950 und 1960 eine erhebliche Erhöhung der Reallöhne sowie eine beträchtliche Ausdehnung des Urlaubsanspruchs der Beschäftigten.

Theoretisch untermauert wurde die Tarifpolitik der IG Metall in den 1950er-Jahren und darüber hinaus durch die von Viktor Agartz, dem Leiter des Wirtschaftswissenschaftlichen Instituts des DGB, entwickelten **Strategie einer «expansiven Lohnpolitik»**. Mit ihrer Hilfe sollte die Binnennachfrage gestärkt und eine gerechtere Verteilung der Vermögen erstritten werden; zugleich sollte die Lohnoffensive die Konfliktbereitschaft der Arbeitnehmer fördern und ihr Klassenbewusstsein schärfen – eine Zielvorstellung, die ganz auf der Linie der gewerkschaftlichen Grundsätze Bleichers lag.

Vor diesem Hintergrund begannen in den frühen 1960er-Jahren die **Konflikte in der Metallindustrie schroffer** zu werden, auch und gerade im Südwesten. Die Metallarbeitgeber begannen, ihre Verbandsstrukturen zu professionalisieren, um sich gegen die Gewerkschaftsforderungen zu wappnen.[32] Mit dem Maschinenfabrikanten Herbert van Hüllen stieg 1961 ein Repräsentant einer jüngeren Managementgeneration zum Vorsitzenden der Arbeitgeberverbände der Metall- und Elektro-Industrie (Gesamtmetall) auf, der zu eine **offensiven und konfliktbereiten Wahrnehmung der Unternehmerinteressen** entschlossen war. Dasselbe galt für Hanns Martin Schleyer, der ab 1962 an der Spitze des Verbandes Württembergisch-Badischer Metallindustrieller (VMI) stand. Der spätere

Über Jahre hinweg Kontrahenten: Willi Bleicher und Arbeitgeber-Chef Hanns Martin Schleyer, hier mit SDR-Journalist Klaus Ullrich

Arbeitgeberpräsident war nun über Jahre der Gegenspieler Bleichers in den Tarifverhandlungen für den größten der drei südwestdeutschen Tarifbezirke: Nordwürttemberg/Nordbaden.[33]

Erstmalig gerieten Bleicher und die Arbeitgeber 1962 hart aneinander, nachdem letztere Ende 1961 in einem koordinierten Vorgehen bundesweit sämtliche Lohntarife der Metallindustrie gekündigt und zentrale Verhandlungen mit der IG Metall gefordert hatten. Daraufhin forderte die IG Metall für den Tarifbezirk Nordwürttemberg/Nordbaden eine Lohnerhöhung von zehn Prozent sowie eine Verlängerung des Jahresurlaubs um sechs Tage. Zugleich versuchte Bleicher Funktionäre, Vertrauensleute und Mitglieder seines Bezirks in zahlreichen Versammlungen auf einen möglichen Arbeitskampf einzustimmen. Eine Urabstimmung am 2. März brachte eine deutliche Zustimmung der Gewerkschaftsmitglieder für eine

Tarifauseinandersetzung mit allen gewerkschaftlichen Mitteln. Erst in letzter Minute gelang es schließlich auf Vermittlung der baden-württembergischen Landesregierung, **Streik und Aussperrungen** abzuwenden.

Der Kompromiss sah eine Lohnerhöhung von sechs Prozent und drei weitere Tage Urlaub vor, was den gesamtwirtschaflichen Produktivitätszuwachs diesen Jahres übertraf und in den Augen der meisten zeitgenössischen Beobachter als gewerkschaftlicher Erfolg gewertet wurde. Zugleich wurde der Abschluss als sogenanntes «Stuttgarter Modell» auf alle anderen bundesdeutschen Tarifbezirke übertragen.

Hatten sich die Tarifparteien, wenn auch nach zähem Ringen, noch einmal auf eine Regulierung ihres Tarifkonflikts ohne Arbeitskampf

Der Bezirksleiter...

einigen können, sollte es **1963** zwar nicht zum längsten, aber doch zum **umfangreichsten Arbeitskampf in der bisherigen deutschen Nachkriegsgeschichte** kommen. Wiederum stand der Tarifbezirk Nordwürttemberg/ Nordbaden – und damit nicht zuletzt Willi Bleicher – im Brennpunkt der Auseinandersetzung. Die Arbeitgeber, das heißt Gesamtmetall, gingen mit der Forderung nach einem Lohnstopp, einer Verschiebung der geplanten Arbeitszeitverkürzung, nach zentralen Verhandlungen und einer längeren Laufzeit der Tarifverträge sowie dem Abschluss eines obligatorischen Schlichtungsabkommens in die Verhandlungen.

Die Gewerkschafter sahen in dem Forderungskatalog der Arbeitgeber nicht nur eine **Zumutung**, sondern den bewussten Versuch, das Machtgefüge zwischen den Arbeitnehmern und der Kapitalseite auf Dauer zu Gunsten letzterer zu verschieben. «Die Metallindustriellen», so urteilte Otto Brenner rückblickend in den «Gewerkschaftlichen Monatsheften», «hielten die Stunde für gekommen, um der deutschen Gewerkschaftsbewegung eine entscheidende Niederlage beizubringen. Unter dem fadenscheinigen Vorwand, im wohlverstandenen Allgemeininteresse zu handeln und die Bundesrepublik vor angeblichem wirtschaftlichem Schaden zu bewahren, **wollten sie ihren Herr-im-Hause-Standpunkt durchsetzen**.»[34]

Mitte April 1963 war deutlich geworden, dass die Metallgewerkschaft auf dem Verhandlungsweg kein annehmbares Resultat würde erzielen können. Der Vorstand genehmigte nun die Urabstimmung für die Tarifbezirke Nordwürttemberg/Nordbaden sowie Nordrhein-Westfalen. Nachdem sich in beiden Tarifbezirken jeweils annähernd 90 Prozent der Gewerkschaftsmitglieder für einen Arbeitskampf ausgesprochen hatten, rief die Stuttgarter Bezirkslei-

... brachte die Gremien der baden-württembergischen IG Metall zumeist auf eine klare, gemeinsame Linie.

tung ab dem 29. April zu **Schwerpunktstreiks** im ganzen Land auf, an denen sich rund **100.000 Metaller** beteiligten – Streikbrecher gab es kaum. Die Gegenseite reagierte bereits zwei Tage später mit der **Aussperrung von rund 300.000 Arbeitnehmern** und zeigte sich damit offenkundig entschlossen, die IG Metall finanziell auszubluten und so nachhaltig in die Schranken zu weisen. Bleicher sprach in den *Streiknachrichten* von «**einem totale(n) Krieg gegen die Metaller dieses Landes**» und «**vom härtesten Arbeitskampf seit 40 Jahren.**»[35] Erinnerungen an den «Ruhreisenstreik» des Jahres 1928 wurden wach, in dem die Arbeitgeber mit kompromissloser Härte und flächendeckenden Aussperrungen versucht hatten, nicht nur die Macht der Gewerkschaften zu brechen, sondern auch das demokratische Fundament der Weimarer Republik ins Wanken zu bringen.

Erst nachdem abzusehen war, dass sich die südwestdeutschen Arbeitnehmer und die IG Metall den Maximalforderungen der Gegenseite nicht zu beugen bereit waren, einigten sich die Kontrahenten am 7. Mai schließlich **auf Vermittlung von Bundeswirtschaftsminister Ludwig Erhard auf einen Kompromiss,** der beide Seiten das Gesicht wahren ließ und der bei gutem Willen der Arbeitgeberseite sicher auch ohne den bis dato größten Arbeitskampf in der Bundesrepublik hätte erzielt werden können: Vereinbart wurde eine Lohnerhöhung von fünf Prozent (rückwirkend ab dem 1. April 1963), die am 1. April 1964 um weitere zwei Prozent aufgestockt werden sollte (bei einer Laufzeit von 20 Monaten). Und es blieb

In den Betrieben – hier (links im Bild) bei einer Urabstimmung – und ...

... auf der Straße stand Willi Bleicher für die Positionen der südwestdeutschen Metallerinnen und Metaller ein.

bei der vereinbarten nächsten Stufe der Verkürzung der Arbeitszeit zum 1. Januar 1964.[36]

Das war kein gewerkschaftlicher Erfolg auf der ganzen Linie (die IG Metall hatte acht Prozent mehr Lohn gefordert), aber unterm Strich – und angesichts der Entschlossenheit der Arbeitgeber, die Macht der Gewerkschaften zurückzudrängen, wenn nicht zu brechen – **doch ein zumindest passables Ergebnis.**[37] In der Urabstimmung am 9./10. Mai billigten immerhin 73 Prozent der Gewerkschaftsmitglieder in Baden-Württemberg den gefundenen Kompromiss (in Nordrhein-Westfalen, wo es keine Aussperrungen gegeben hatte, fiel diese mit 55 Prozent freilich geringer aus).

Willi Bleicher war nicht ohne Sorge in diesen Arbeitskampf gegangen. Seinem zu diesem Zeitpunkt engsten Mitarbeiter und Vertrauten Eugen Loderer – er sollte später zum Vorsitzenden der IG Metall aufsteigen – hatte er im Vorfeld der Urabstimmung anvertraut: «Junge, wenn das schief geht, dann ist unser Ansehen im Eimer, wo wir den Bezirk jetzt so schön auf Vordermann gebracht haben.»[38] Umso mehr sah er es als Erfolg an, dass «seine» Streikfront vom ersten Tag an «stand». Die **unermüdliche Agitationstätigkeit der Bezirksleitung und der südwestdeutschen Funktionäre, Vertrauensleute und Betriebsräte** hatte sich offenkundig bezahlt gemacht. Dies wurde auch in der Gesamtorganisation so gesehen und gab seinem ohnehin mittlerweile großen Ansehen einen neuerlichen Schub.

> *Geschickte Personalpolitik stärkte Bleichers Position.*

Zugleich festigte Bleicher seine Stellung in der Gesamtorganisation durch eine geschickte Personalpolitik. Auf seine Initiative hin wurde **Eugen Loderer 1963 zum Vorsitzenden des DGB-Landesbezirks** in Baden Württemberg gewählt. Zugleich holte Bleicher den zu diesem Zeitpunkt erst **26jährigen Franz Steinkühler in die Stuttgarter Bezirksleitung**. Steinkühler nahm bald die Rolle des wichtigsten Mitarbeiters Bleichers ein.

Und er zählte zu den wenigen, die dem häufig autoritär und sogar verletzend auftretenden Bezirksleiter auch Contra geben konnten.[39]

In den folgenden Jahren geriet die Tarifpolitik der IG Metall wieder in ein ruhigeres Fahrwasser. Es gelang, den Arbeitnehmern auch ohne Streiks ihren Anteil am «Wirtschaftswunder» zu sichern. Die **40-Stunden-Woche** in der Metallindustrie trat schließlich ab dem 1. Juli 1966[40] ohne weitere Auseinandersetzungen wie geplant in Kraft.

Willi Bleicher und Franz Steinkühler

1966/67 sahen sich die Gewerkschaften erstmals seit langer Zeit einer wirtschaftlichen Rezession und steigenden Arbeitslosenzahlen gegenüber. Insbesondere die Metallindustrie war von der wirtschaftlichen Talfahrt betroffen. Die Arbeitgeber argumentierten, wie stets in solchen Situationen, dass nur durch einen Abbau der Löhne und Gehälter Arbeitsplätze gesichert werden könnten. Zugleich forderten sie einmal mehr bundesweite Verhandlungen für die gesamte Metallindustrie.

Gleichzeitig bemühte sich die Große Koalition durch eine **Politik der «Konzertierten Aktion»,** der ökonomischen Probleme und der Arbeitslosigkeit Herr zu werden. Durch eine ökonomische «Globalsteuerung» – so eine Lieblingsformel des sozialdemokratischen Wirtschaftsministers Karl Schiller – sollten gleichermaßen Wachstum, Vollbeschäftigung, Preisstabilität und außenwirtschaftliches Gleichgewicht erreicht und sollte die «soziale Symmetrie» gewahrt werden. Die im «Stabilitätsgesetz» vom 8. Juni 1967 anvisierte «Mittelfristige Finanzplanung» und die angestrebte aktive staatliche Wirtschaftspolitik lagen vollständig auf der programmatischen und planungsoptimistischen Linie der Gewerkschaften. Doch hatte die Konzertierte Aktion – auf eine Mitwirkung daran hatte sich die IG Metall-Führung um Otto Brenner nicht ohne innere Vorbehalte und nicht ohne innerorganisatorische Kritik eingelassen – für

Bleicher trägt mit anderen die gewerkschaftlichen Forderungen auf die Straße.

die Gewerkschaften unübersehbar ihre Schattenseiten: Auch die IG Metall sah sich nun in ein Geflecht von Absprachen, Lohnleitlinien und «Orientierungsdaten» eingebunden, deren Bindungskraft sie sich angesichts einer auf Harmonie und Sozialpartnerschaft eingestimmten öffentlichen Meinung nur schwer entziehen konnte.

Bleicher sah die Einbindung seiner Organisation in die Konzertierte Aktion mit Skepsis. Die Bezirksleitung um **Bleicher forderte «Schluss mit der sozialen Demontage»** und die **«tarifliche Absicherung des Gegenwärtigen»** und zeigte sich streikbereit. Nach dem Scheitern der Verhandlungen im Tarifgebiet Nordwürttemberg/Nordbaden votierten trotz der widrigen wirtschaftlichen Rahmendaten 87,3 Prozent der Gewerkschaftsmitglieder für einen Arbeitskampf. Daraufhin lud Wirtschaftsminister Schiller die Vorstände von Gesamtmetall und IG Metall für den 24. und 25. Oktober überraschend zu Vermittlungsgesprächen nach Bonn, in denen es ihm gelang, die Tarifparteien auf eine Konfliktlösung ohne Arbeitskampfmaßnahmen einzuschwören.

Schließlich fielen die in den letzten Monaten des Jahres 1967 in den verschiedenen Tarifbezirken nach monatelangen Verhandlungen abgeschlossenen Lohnerhöhungen dann ausgesprochen «moderat» aus; erstmals seit langer Zeit ging die Höhe der Reallöhne im Organisationsbereich der IG Metall zurück. Da tröstete es wenig, dass auch gesamtwirtschaftlich die Löhne 1967 und 1968 um 1,6 Prozent beziehungsweise 1,0 Prozent fielen. Immerhin konnte durch den 1968 wiederum in Nordwürttemberg/Nordbaden in Kraft getretenen **Lohn- und Gehaltsrahmentarifvertrag** eine **verbesserte Eingruppierung zahlreicher Beschäftigter** erreicht werden. Zugleich verständigten sich die Tarifparteien im Bezirk Stuttgart darauf, die bisherigen **Effektivlöhne grundsätzlich zu sichern**. Der Abbau übertariflicher Leistungen sollte nur im Einvernehmen mit dem Betriebsrat erfolgen können – vor dem Hintergrund der Lohnpolitik dieses Jahres zweifellos ein relativer Erfolg.

Am 1. Juli 1968 schloss die IG Metall in zentralen Verhandlungen einen Tarifabschluss für die Metallindustrie ab, die bundeseinheitlich wiederum nur eine geringfügige Lohnerhöhung von drei Prozent erbrachte. Ungeachtet eines ebenfalls vereinbarten **Rationalisierungsschutzabkommens** stieß eine derartig geringfügige Einkommensaufstockung, mehr noch die lange Vertragslaufzeit von achtzehn Monaten auch gewerkschaftsintern auf heftige Kritik. Das traf in noch stärkerem Maße auf den in der Eisen- und Stahlindustrie erzielten Abschluss zu. Ein Schlichtungsverfahren hatte hier nach zweijähriger Lohnpause Einkommensaufbesserungen von fünf Prozent für zwölf Monate und zwei Prozent für weitere sechs Monate gebracht. Dies bedeutete, trotz einer seit Jahresbeginn 1968 wieder angesprungenen Konjunktur und angesichts steigender Unternehmensgewinne, **nicht einmal einen Ausgleich der Inflationsrate**.

Doch auch im kommenden Jahr behielt der Vorstand der IG Metall den einmal eingeschlagenen, zurückhaltenden lohnpolitischen Kurs bei. Das sogenannte «**Frankfurter Abkommen**» vom 16. August 1969 sah eine achtprozentige Erhöhung der Löhne und Gehälter der Arbeitnehmer in der Metallindustrie und Verbesserungen beim Jahres-

Der Werbespruch für das Auto passte auch auf den Mann davor: «Er läuft und läuft und läuft.»

urlaub vor. Zugleich wurde der **Schutz der gewerkschaftlichen Vertrauensleute und Jugendvertreter** bundesweit vereinbart. Auch wenn Otto Brenner gerade dies als einen großen gewerkschaftlichen Durchbruch einschätzte, sahen viele darin keine hinreichende Kompensation für den in ihren Augen unzureichenden Lohnabschluss mit einer neuerlich langen Laufzeit von 18 Monaten. Auch Bleicher und mit ihm die große Mehrheit der Tarifkommission in Baden-Württemberg lehnten den gefundenen Kompromiss als völlig unzureichend ab, konnten den Vorstand der IG Metall aber nicht von seinem Kurs abbringen. Noch ungünstiger entwickelte sich die Lohnentwicklung in der Eisen- und Stahlindustrie, wo die lange Laufzeit des zum Jahresbeginn 1968 abgeschlossenen Tarifvertrags erst im September 1969 neue Verhandlungen erlaubte.

> *Spontane Streiks stärkten die Tarifpolitik der Gewerkschaften.*

Die lohnpolitische Zurückhaltung der Gewerkschaften schlug sich Ende der 1960er-Jahre unübersehbar in einem **Vertrauensverlust von Teilen der Arbeiterschaft** auch gegenüber der IG Metall nieder. Schon seit 1966 war es zu vereinzelten «wilden» Streiks gekommen, doch erst im September 1969 entlud sich die Unzufriedenheit besonders der Belegschaften der Eisen- und Stahlindustrie, aber auch der Metall- und Textilindustrie sowie im Öffentlichen Dienst in einer Serie spontaner Arbeitsniederlegungen. In nahezu allen Fällen gelang es den Streikenden, ungeachtet der laufenden Tarifverträge, Lohnerhöhungen durchzusetzen. **Die spontanen Streiks verliehen im kommenden Jahr den Tarifbemühungen der Gewerkschaften einigen Nachdruck.** Sie mussten sich zudem um erneuten Kredit bei den Arbeitnehmern als durchsetzungsfähige Interessenorganisation bemühen.

1970 wurden gewerkschaftsübergreifend nicht nur deutliche Lohnsteigerungen, sondern auch Tarifverträge mit kürzerer Laufzeit vereinbart. In Hessen erzielte die IG Metall Einkommensaufbesserungen von zehn Prozent. Allerdings erschien dieses Ergebnis

*Gegenseitiger Respekt
trotz gegensätzlicher
Positionen und
erbitterter Konflikte:
KZ-Überlebender
Willi Bleicher und Ex-
SS-Mann Hanns Martin
Schleyer*

zahlreichen Belegschaften im Südwesten und auch der Stuttgarter Bezirksleitung um Bleicher unzureichend. Mehrere Wellen von spontanen Arbeitsniederlegungen während der Stuttgarter Verhandlungen erhöhten den Druck auf die Arbeitgeberseite. Schließlich konnte nach Durchführung einer Urabstimmung für das Tarifgebiet Nordwürttemberg/Nordbaden eine **Einkommenssteigerung von rund 15 Prozent** erreicht werden. Offenbar hatte Bleicher es einmal mehr erfolgreich verstanden, gegenüber den Arbeitgebern eine **massive Drohkulisse** aufzubauen und sie so zum Einlenken zu bewegen; dies geschah nicht zuletzt **durch eine intensive Information** der Belegschaften und der gewerkschaftlichen Funktionäre vor Ort über die Entscheidungsprozesse. Wie stets sah er in der kontinuierlichen Information der Funktionäre und Vertrauensleute vor Ort die Grundlage der gewerkschaftlichen Konfliktbereitschaft.[41]

> **Information vor Ort als Grundlage des gewerkschaftlichen Erfolgs**

Einen letzten, auch bundesweit Aufsehen erregenden und **verbissen ausgefochtenen «Kampf»**, lieferte sich Bleicher zum Jahresende 1971 mit der Arbeitgeberseite.[42] In diesem Jahr waren die Arbeitgeber von vornherein fest entschlossen, sich den Forderungen der Gewerkschaften mit allen Kräften zu widersetzen. Gesamtmetall koordinierte die Verhandlungen der Arbeitgeberseite in den einzelnen Tarifgebieten und versuchte mit Erfolg, die angeschlossenen Verbände auf eine harte Linie gegenüber den Gewerkschaften einzuschwören. Die Angebote in den Bezirken sollten vier bis fünf Prozent nicht überschreiten, darüber hinaus gehende Angebote auf keinen Fall unterbreitet werden. Demgegenüber hatte der Vorstand der IG Metall im August 1971 den Tarifkommissionen der einzelnen Tarifgebiete die Richtlinie vorgegeben, eine Erhöhung der Löhne und Gehälter von 10,5 bis elf Prozent zu fordern.[43]

Im Spätsommer und Herbst 1971 scheiterten mehrere Schlichtungsversuche in den verschiedenen Tarifgebieten überwiegend an der Ablehnung der Arbeitgeber, teils auch an der der Gewerkschaften. In Nordwürttemberg/Nordbaden unterbreitete der ehemalige Wirtschaftsminister Hermann Veit am 2. November 1971 einen Einigungsvorschlag, der eine 7,5-prozentige Lohnerhöhung bei einer siebenmonatigen Laufzeit vorsah. Die IG Metall akzeptierte dies, doch die Arbeitgeber lehnten ab. Zugleich hatte der VMI offenbar bereits seit September alle organisatorischen Vorbereitungen für eine wohl schon damals **fest geplante Aussperrung** getroffen, deren Ausmaß **die IG Metall**, so das offensichtliche Kalkül der Verbandsspitze, **finanziell ausbluten sollte.**

Am 12. November sprachen sich **89,6 Prozent der Gewerkschaftsmitglieder für Streiks** aus. Am 22. November legten etwa 55.000 Beschäftigte bei Daimler Benz, Audi NSU und bei Gaubremse Heidelberg die Arbeit nieder, einen Tag später folgten weitere 60.000 Arbeiter in 76 weiteren Betrieben. Die IG Metall setzte somit einmal mehr auf **«Schwerpunktstreiks»**, während Bleicher – einem *Spiegel*-Bericht zufolge – für einen flächendeckenden Ausstand und zur Stilllegung aller Betriebe eingetreten war.[44] Überhaupt nahm er in dieser letzten Tarifauseinandersetzung von Beginn an **eine unnachgiebige Haltung gegenüber den «Herren» der Arbeitgeberseite** ein und präjudizierte zeitweise sogar in Interviews die Linie des Vorstands um Otto Brenner – durchaus zum Ärger der Frankfurter Zentrale. *Die Zeit* berichtete halb missbilligend, halb respektvoll von «Willi Bleichers letztem Kampf».[45]

Die Arbeitgeberseite reagierte auf die gewerkschaftlichen Kampfmaßnahmen am 26. November mit einer **flächendeckenden Aussperrung von über 300.000 Arbeitnehmerinnen und Arbeit-**

nehmern im Tarifbezirk Nordwürttemberg/Nordbaden. Einige wenige Unternehmen folgten dem Aussperrungsbeschluss nicht und wurden umgehend aus ihrem Dachverband ausgeschlossen. Zugleich scheiterte ein weiterer Schlichtungsversuch und selbst eine Intervention von Bundeskanzler Willy Brandt (SPD) – der die Spitzenvertreter der Konfliktparteien, auch Bleicher, zu sich nach Bonn bat – an der halsstarrigen Haltung der Arbeitgeber.

Erschwert wurde die Position der IG Metall zusätzlich dadurch, dass erstmals eine größere Anzahl von Betrieben außerhalb des eigentlichen Kampfgebiets ganz oder teilweise stillgelegt wurden. Während die Arbeitgeberseite auf Materialmangel und Zulieferschwierigkeiten verwies, sah die IG Metall diese Argumente als vorgeschoben an. Zwischenzeitlich weigerte sich der Präsident der Bundesanstalt für Arbeit, Josef Stingl, Kurzarbeitergeld an die betroffenen – «kalt ausgesperrten» – Arbeitnehmer auszahlen zu lassen.

Trotz aller Widrigkeiten gelang es der Stuttgarter Bezirksleitung um Bleicher, die Ge- und Entschlossenheit der Streikenden aufrecht zu erhalten. Am 8. Dezember fand in Stuttgart eine **imposante Demonstration von rund 45.000 Menschen** statt. Auf der Abschlusskundgebung geißelte Bleicher die Kompromisslosigkeit des Unternehmerlagers, feuerte den Durchhaltewillen «seiner» Arbeiter noch einmal an, und schloss sie mit den Worten «Und wenn die Welt voll Teufel wär', wir werden's doch erzwingen»[46].

Zwei Tage später kam es schließlich zu einer Einigung. Unter Leitung Bleichers und Schleyers einigten sich die Kontrahenten im Stuttgarter Hotel Graf Zeppelin nach einem 30-stündigen Verhandlungsmarathon, nunmehr ohne Schlichter, auf Lohn- und Gehaltserhöhungen von 7,5 Prozent bei einer Laufzeit von 12 Monaten ab Januar 1972 zuzüglich der Zahlung einer Pauschalsumme von 160 D-Mark (netto) für die Monate von Oktober bis November sowie einer tariflichen Absicherung von 40 Prozent des 13. Monatsgehalts. Eine Urabstimmung ergab die Zustimmung von 71,2 Prozent der Mitglieder.

> *Ein tarif-politischer Sieg krönte seine Laufbahn.*

Bleicher konnte nach Abschluss der Lohnbewegung des Jahres 1971 mit Recht für sich in Anspruch nehmen, am Ende seiner Funktionärslaufbahn nochmals einen **bemerkenswerten tarifpolitischen Erfolg** erzielt zu haben. Das betraf weniger die Höhe des Abschlusses an sich, der nicht sehr weit über der damaligen Geldentwertung von rund sechs Prozent lag und der die Realeinkommen der Beschäftigten daher nur in engen Grenzen steigerte. Aber es war der IG Metall unter seiner maßgeblichen Mitwirkung – ähnlich wie bereits 1963 – doch gelungen, ihre tarifpolitischen Forderungen zumindest teilweise kämpferisch durchzusetzen und den neuerlichen Versuch der Arbeitgeberseite, die Gewerkschaft nachhaltig zu schwächen, abzuwehren.

Zwei Jahre später, am 1. November 1973, traten, einmal mehr im Tarifbezirk Nordwürttemberg/Nordbaden und wiederum erst nach einem Arbeitskampf, der **«Lohnrahmentarifvertrag II»** und ein neuer Manteltarifvertrag in Kraft. Er brachte zahlreiche qualitative Verbesserungen für die Beschäftigten, darunter die Verdienstsicherung und der Kündigungsschutz für ältere Arbeitnehmer sowie die berühmte Fünf-Minuten-Pause für Akkordarbeiter (sogenannte Steinkühler-Pause), und delegierte eine Reihe üblicherweise den Tarifparteien obliegenden Kompetenzen an die Betriebsräte. Über das neue Regelwerk hatten die Tarifparteien schon seit 1970 intensiv beraten. Auch wenn Bleicher die Federführung bei der Aushandlung der komplizierten Materie von Beginn an Franz Steinkühler überlassen hatte, der schließlich Bleicher als Bezirksleiter in Stuttgart nachfolgen sollte: Auch die mit dem Lohnrahmentarifvertrag II erstrittenen Verbesserungen wurzelten zu einem erheblichen Teil in der **von Willi Bleicher geprägten tarifpolitischen Ära**.

Das Inkrafttreten des neuen Manteltarifvertrags erlebte Willi Bleicher freilich nicht mehr als aktiver Gewerkschaftsfunktionär. Im Oktober 1972 hatte er die Altersgrenze erreicht. Der Stuttgarter Bezirksleiter trat in den Ruhestand.

Jenseits der Tarifpolitik

In der Lohn- und Gehaltspolitik, dem Brot-und Butter-Geschäft der Gewerkschaften, sah Willi Bleicher sicherlich die wichtigste Aufgabe auch seiner Organisation, zumal in seiner Funktion als Stuttgarter Bezirksleiter. Die überragende Rolle, die er der **Konflikterfahrung von Arbeitskämpfen und Streiks für die Herausbildung des «Klassenbewusstseins»** der Arbeiter und folglich für die gewerkschaftliche Kampfbereitschaft und Durchsetzungsfähigkeit zuschrieb, ist bereits angesprochen worden. Dies bedeutet jedoch nicht, dass Bleicher die Gewerkschaften ausschließlich auf ihre Rolle als «Lohn- und Gehaltsmaschine» beschränkt sah – im Gegenteil.

Gerade in der **Bewahrung des Friedens**, der **Abwehr aller Formen des Militarismus** und insbesondere der **Bekämpfung jedweder neonazistischer Umtriebe** mussten sich in den Augen Bleichers die Gewerkschaften bewähren. Sein Einsatz gegen die Wiederbewaffnung der Bundesrepublik und die Einbindung der Bundeswehr in die NATO wurden erwähnt. «Nie wieder Krieg», so lautete gewerkschaftsübergreifend die Parole nur wenige Jahre nach Ende des von Deutschland angezettelten Vernichtungskriegs mit Millionen Toten.

Als sich in der zweiten Hälfte der 1960er-Jahre die Gewerkschaften erneut in eine heftige innenpolitische Auseinandersetzung mit der Bundesregierung verstrickt sahen, **mischte sich Bleicher einmal mehr unüberhörbar in die Debatte ein**. Kern der Auseinandersetzung war der schon in den späten 1950er-Jahren erkennbare Versuch der Regierung Adenauer, mittels sogenannter **Notstandsgesetze** eine in ihren Augen vorhandene «Lücke» im Grundgesetz zu schließen und so einen wesentlichen Teil der den Alliierten verbliebenen Hoheitsrechte auf die Bundesrepublik zu übertragen. Dabei ging es um eine gesetzliche Regelung für den Fall, dass der Bundestag in einer Krisensituation nicht zusammen treten kann. Namentlich die IG Metall sah indes in dem 1960 veröffentlichten Gesetzesentwurf zur «Ergänzung des Grundgesetzes» nichts weniger als «den Versuch, mit dem Mittel der staatlichen Gewalt entscheidende demokratische Grundrechte nach Belieben außer Kraft zu setzen.»[47]

Bleicher sah sich durch die geplanten Notstandsgesetze sogar an das **Ermächtigungsgesetz aus dem Jahr 1933** erinnert[48] – glücklicherweise zu Unrecht. Schließlich kam es, nachdem sich im Dezember 1966 eine Große Koalition aus Union und SPD gebildet hatte und nachdem im Gewerkschaftslager gerade die Metallgewerkschaft ihre Ablehnung ein ums andere Mal in Kundgebungen und Protestaktionen bekräftigt hatte, im Mai 1968 zur Verabschiedung «gemäßigter» Notstandsgesetze, in denen ein Teil der von den Kritikern geäußerten Bedenken berücksichtigt worden waren. Dies war, wenn man so will, durchaus ein Erfolg des prinzipiellen Widerspruchs von weiten Teilen der Gewerkschaftsbewegung – auch Bleichers. In der politischen

> *Militarismus war ihm zutiefst verhasst.*

Zeitlebens
engagierte sich
Willi Bleicher
gegen
Militarismus
und Krieg.

Praxis der folgenden Jahrzehnte sollten die Notstandsgesetzte
dann wohl auch wegen ihres schließlich sehr eng gefassten Anwen-
dungsbereichs keine Rolle mehr spielen.

Bleichers **antifaschistische Grundüberzeugung** und sein Wissen
um die **deutsche Schuld an der Ermordung von Millionen Menschen** begründeten seine tiefe Skepsis gegenüber allen Formen
militärischer Machtentfaltung und eben auch gegenüber den Not-
standsgesetzen. Noch im November 1980 gehörte er zu den Erstun-
terzeichnern des «Krefelder Appells», der sich gegen die Stationie-
rung atomarer Mittelstreckenraketen in Westeuropa richtete und
eine Initialzündung für die in den folgenden Jahren anschwellende
Friedensbewegung darstellte.

Auf der anderen Seite setzte er sich konkret dafür ein, dass sich
auch die Gewerkschaften, gewissermaßen stellvertretend für die
deutsche Gesamtgesellschaft, mit der «deutschen Schuld» der
zwölfjährigen Nazi-Herrschaft auseinandersetzten. Nachdem er
die **Kontakte zu seinen Buchenwalder Mithäftlingen** auch nach
dem Bau der Mauer nie hatte abreißen lassen, unternahm Bleicher
gemeinsam mit sämtlichen baden-württembergischen Bevollmächtigten im Jahr 1962, also in der **Hochphase des Kalten Krieges** und
nur ein Jahr, nachdem die DDR-Bevölkerung im eigenen Land eingesperrt worden war, eine **Reise nach Polen und in die Tschechoslowakei**. In Lidice legte er einen Kranz zum Andenken an die Opfer
des an diesem Ort verübten berüchtigten Massakers der SS nieder,
in Polen gedachten er und seine Delegation der in Auschwitz ermordeten Menschen.[49]

Auch wenn Bleicher und seine Mitreisenden entsprechend der damals gültigen DGB-Beschlusslage offene Kontakte mit den Staatsgewerkschaften des Ostblocks vermieden; allein, dass sich eine Delegation deutscher Gewerkschafter jenseits des «Eisernen Vorhangs» offen den Verbrechen der Deutschen in ihrer jüngsten Geschichte stellte, war angesichts der in diesen Jahren in Westdeutschland grassierenden Verdrängung der deutschen Vergangenheit ein **Zeichen des Versöhnungswillens**, dessen Bedeutung kaum überschätzt werden kann. In gewisser Hinsicht lässt sich die Reise der Stuttgarter Bezirksleitung als früher Vorbote der späteren Entspannungspolitik Willy Brandts interpretieren.

1964 nahm Bleicher dann – nach einem Wiedersehen mit Stefan Jerzy Zweig, dem «Kindes von Buchenwald» – zusammen mit diesem an einem Treffen ehemaliger Häftlinge in Buchenwald teil; es war wohl die erste Reise eines führenden deutschen Gewerkschafters in den ostdeutschen Teilstaat nach dem Bau der Mauer.

Während Bleicher das gewerkschaftliche Engagement für den Frieden und gegen ein Wiedererstarken rechtsextremer Tendenzen stets als selbstverständliche und naturgegebene Aufgabe der Arbeitnehmerorganisationen ansah, schätzte er die sozial- und wirtschaftspolitischen Handlungsspielräume der Arbeiterorganisationen – nach dem vergeblichen Kampf um die paritätische Mitbestimmung in den frühen 1950er-Jahren – wohl eher skeptisch ein. Der Reformeuphorie nach Antritt der sozialliberalen Koalition im

In Israel mit Hans Mayr (rechts)

Jahr 1969 begegnete er mit Skepsis. Die **Gestaltung der Arbeitsbedingungen**, so sein Credo, sei **in erster Linie ein Ergebnis des Kräfteverhältnisses zwischen organisierten Arbeitnehmern und Arbeitgebern**.

Ein Polterer
mit weichem Kern

Willi Bleichers nicht selten sprunghaftes und **zuweilen über-
bordendes Temperament** war nicht nur für seine tarifpolitischen
Kontrahenten, sondern häufig auch für seine Mitarbeiter und selbst
für seine engsten Weggefährten eine dauerhafte Herausforderung.
Frei von Launen war er gewiss nicht: «Entweder bester Stimmung
oder sehr betrübt, so kann man seine Charaktereigenschaft um-
schreiben», so urteilte im Rückblick sein über Jahre engster Weg-
gefährte Eugen Loderer, der Bleicher stets als ebenso vorbildlichen
wie nervenaufreibenden Vorgesetzten in Erinnerung behielt.[50]

Halt gab ihm seine Familie und sicherlich traf auch auf Bleicher
die Spruchweisheit zu, dass hinter jedem starken Mann eine starke
Frau stehe. Nachdem die Freundschaft zu seiner Jugendliebe wegen seiner langen Haftzeit kein glückliches Ende gefunden hatte,
heiratete Bleicher 1946 Anneliese Metz, die er im Verlauf seiner
Tätigkeit für den Untertürkheimer Arbeitsausschuss kennen gelernt

hatte. Ein Jahr später kam Sohn Gerhard zur Welt, 1952 Tochter Ingeborg. Die Familie gab ihm jenen sozialen und emotionalen Halt,
den er nach seinem jahrelangen Überlebenskampf in der NS-Zeit
und den Schreckenserfahrungen des Konzentrationslagers vermutlich dringlicher als viele andere benötigte.

Bleicher forderte das von ihm selbst an den Tag gelegte **Arbeitspensum** auch von seinen Kollegen und Untergebenen. Gegen
wirkliche, nicht selten aber nur vermeintliche Fehlleistungen und
Unzulänglichkeiten seiner Mitarbeiter und gewählter Bevollmächtigter konnte er **mit brachialer Härte** zu Felde ziehen. Allerdings be-
saß er auch die Fähigkeit, manch eigene Fehlleistungen nach einer
gewissen Zeit der Besinnung wieder zu korrigieren. Nachdem etwa
Ende 1959 auf sein Geheiß hin (und hart am Rande der Satzung)
die Ebinger Ortsverwaltung dem dortigen Bevollmächtigten – wegen nach Bleichers Ansicht unzureichender Amtsführung – Knall
auf Fall den Stuhl vor die Tür gesetzt hatte, verschaffte ihm der
Stuttgarter Bezirksleiter einige Zeit später eine andere Stelle im
Gewerkschaftsapparat. Ähnlich erging es dem Kassierer des Ulmer
IG Metall-Büros, Walter Kuhn, in dessen Kasse einige Hundert DM
vermisst wurden, die bald darauf jedoch wiedergefunden wurden.

Willi Bleicher profitierte stark von der Geborgenheit der Familie.

> *Er war auch in der Lage, eigene Fehler zu korrigieren.*

Wenige Monate nach seiner Entlassung ernannte ihn Bleicher in einem Akt der Wiedergutmachung zum «Beauftragten des Bezirksleiters,» später stieg Kuhn zum ersten Bevollmächtigten in Göppingen auf, sicher auch dies nicht gegen den Willen des Bezirksleiters.[51] Auch in Stilfragen, etwa der, welche Garderobe einem Gewerkschaftssekretär angemessen sei, hatte er feste, um nicht zu sagen **starre** Vorstellungen. «Gelacktes», aber auch «schlampiges» Auftreten waren unerwünscht und Bleichers Mitarbeiter taten gut daran, sich dies zu Herzen zu nehmen.

Willi Bleicher und Willy Brandt: Beide kämpften gegen den Faschismus, beide gaben der Bundesrepublik progressive Impulse – über alle starken Unterschiede hinweg.

Zugleich konnte Bleicher in Notlagen eine **ungewohnte Fürsorglichkeit** an den Tag legen. Als sein Assistent Loderer 1961 eine Art Nervenzusammenbruch erlitt – für den sicher nicht nur Loderers übergroßes Arbeitsaufkommen, sondern auch Bleichers kräftezehrender Führungsstil verantwortlich war – kümmerte sich Bleicher fürsorglich um seinen engsten Mitarbeiter und schickte ihn in Kur (wo Loderer schnell wieder auf die Beine kam)[52]. Das war die «weiche» Seite Bleichers. Bei aller nach außen gezeigten Ruppigkeit: Gerade in Notsituationen offenbarte sich **Bleichers Mitmenschlichkeit und Anteilnahme.** Und **gerade zu Jugendlichen** gelang es ihm, «eine unvergleichliche, persönliche Bindung» herzustellen, wie Franz Steinkühler im Rückblick und sicherlich auch auf sich selbst gemünzt, urteilte.[53]

Bleichers geradlinige Biografie überzeugte und inspirierte viele junge Gewerkschafterinnen und Gewerkschafter.

Ihnen gegenüber legte er auch bei persönlichen Problemen ein **hohes Maß an Einfühlungsvermögen und Verständnis** an den Tag.

Auch im **Konflikt der IG Metall mit der sogenannten «plakat»-Gruppe** suchte Bleicher am Ende seiner Amtszeit zunächst lange Zeit einen Ausgleich: Eine Gruppe kritischer Gewerkschafter im Stuttgarter Daimler-Benz-Werk um Willi Hoss hatte bei der Betriebsratswahl 1972 eine eigene, gewerkschaftsunabhängige Liste mit dem Namen «Mitglieder der IG Metall» aufgestellt und damit auf Anhieb 28 Prozent der Stimmen erzielt. Auch Bleicher sah hierin eine große «Disziplinlosigkeit», gab jedoch gewerkschaftsintern ein gewisses Verständnis für die Abtrünnigen zu erkennen und versuchte zu vermitteln. Letztlich vergeblich: Hoss und seine Mitstreiter wurden über Jahre aus der IG Metall ausgeschlossen.[54]

Nachdem Bleicher zum Ende des Jahres 1972 in den **Ruhestand** verabschiedet worden war, gestaltete sich sein Leben naturgemäß ruhiger. Er konnte sich nun mehr der Familie widmen; Gartenarbeit und auch der Hund der Bleichers hielten ihn in Bewegung. Dabei blieb er auch in seinem letzten Lebensjahrzehnt der Auseinandersetzung mit der Geschichte und der Vermittlung der aus ihr zu ziehenden «Lehren» verpflichtet. In **zahlreichen Veranstaltungen**, häufig mit Jugendlichen, **warnte er vor Fremdenfeindlichkeit und Rassismus** – wohl auch mit berechtigtem Stolz auf die eigene Lebensleistung als jemand, der widerstanden hatte. Auch in der aufkommenden Friedensbewegung engagierte er sich. Und er berichtete nun ausführlicher als zuvor über seine Erfahrungen während der NS-Diktatur. 1979 handelte er sich im Anschluss an eine solche Veranstaltung eine «Beleidigungsklage» der NPD-Neonazis ein, die allerdings bald eingestellt wurde. Im selben Jahr verlieh die baden-württembergische Landeshauptstadt Bleicher ihre höchste Auszeichnung: die **Stuttgarter Bürgermedaille**.

Am 23. Juni 1981 starb Willi Bleicher nach kurzer schwerer Krankheit. Als er am 29. Juni auf dem Steinhaldenfriedhof unweit seines Geburtsortes Cannstatt beerdigt wurde, ruhte in den meisten Metallbetrieben des Landes um 11 Uhr für eine Minute die Arbeit.[55]

Fazit

Willi Bleicher wurde **noch zu Lebzeiten zu einer Legende**, nicht nur bei den Metallern im deutschen Südwesten. Er stand wie wohl nur wenige andere für das Bild des **unprätentiösen, einzig und allein den Interessen der Beschäftigten verpflichteten, persönlich anspruchslosen Gewerkschaftsfunktionärs,** der in seinem ganzen Leben kein einziges Aufsichtsratsmandat in einem Industrieunternehmen innegehabt hatte. Zugleich galt er nicht nur in Gewerkschaftskreisen als **einer der überzeugendsten Redner der Bundesrepublik,** der sich wie nur wenige andere in die Gedankenwelt «seiner» Arbeiter hineinversetzen und ihren Hoffnungen und Ängsten Ausdruck verleihen konnte. Im Arbeitgeberlager galt er stets als unerbittlicher Klassenkämpfer, doch nicht nur Hanns Martin Schleyer, sein schärfster Tarifkontrahent, schätzte ihn wegen seiner Geradlinigkeit und Integrität.

> *Es ging ihm immer darum, „diese Welt lebenswerter zu gestalten".*

Die Überzeugungskraft Bleichers, sein Charisma, entfaltete sich dabei nicht zuletzt bei der Jugend. **Zahllose jüngere Gewerkschaftsfunktionäre sahen in ihm in den Jahrzehnten nach 1945 ein Vorbild**. Ihre Achtung galt einer Persönlichkeit, die in der NS-Zeit über Jahre hinweg unermesslichen Torturen ausgesetzt gewesen war, aber nicht gebrochen worden und ihren Idealen treu geblieben war.

Über anderthalb Jahrzehnte prägte Bleicher als Stuttgarter Bezirksleiter die Tarifpolitik nicht nur seiner eigenen Organisation, sondern **der deutschen Gewerkschaftsbewegung insgesamt** wie nur wenige andere. Er zählt so zu jenen, die dafür sorgten, dass der materielle Fortschritt der «langen 1960er-Jahre», der Zeit des «Wirtschaftswunders», an den Beschäftigten nicht vorbei ging. Sein Anspruch an die Gewerkschaften ging jedoch weit über ihre Funktion als reine Tarifmaschine hinaus. Vielmehr müssten gerade von den Gewerkschaften **die entscheidenden Impulse für eine Humanisierung der wirtschaftlichen und sozialen Verhältnisse** ausgehen. Stets müsse es darum gehen, so Bleichers Quintessenz am Ende seines Lebens, «diese Welt lebenswerter zu gestalten.»

Literatur und Quellen

Gedruckte Quellen

DGB, Bundesvorstand (Hg.), Protokolle der Bundeskongresse des Deutschen Gewerkschaftsbundes, Düsseldorf 1949ff.

Gewerkschaftsbund Württemberg-Baden, Bundesvorstand (Hg.), Mitteilungen, 1/1948-2/1949.

Gewerkschaftsbund Württemberg-Baden, Bundesvorstand (Hg.), Protokoll der Verhandlungen des 1. Bundestages des Gewerkschaftsbundes Württemberg-Baden, o.O (Stuttgart), o.J. (1946).

Gewerkschaftsbund Württemberg-Baden, Bundesvorstand (Hg.), Protokoll der Verhandlungen des 2. Bundestages des Gewerkschaftsbundes Württemberg-Baden, o.O (Stuttgart), o.J. (1947).

Gewerkschaftsbund Württemberg-Baden, Bundesvorstand (Hg.), Protokoll der Verhandlungen des 3. Bundestages

des Gewerkschaftsbundes Württemberg-Baden, o.O (Stuttgart), o.J. (1949).

Gewerkschaftsjugend, Monatsblatt des Gewerkschaftsbundes Württemberg-Baden, 1/1948-2/1949.

Industrieverband Metall (Hg.), Protokoll vom 1. ordentlichen Verbandstag des Industrieverbandes Metall Württemberg-Baden, Stuttgart 1946.

Industriegewerkschaft Metall für die Amerikanische und Britische Zone (Hg.), Niederschrift der Verhandlungen des Vereinigungs-Verbandstages der Industriegewerkschaft Metall der Britischen und Amerikanischen Zone, Mülheim, Ruhr 1948.

IG Metall, Vorstand (Hg.), Geschäftsberichte 1950/51ff, Frankfurt a.M. 1952ff.

IG Metall, Vorstand (Hg.), Protokolle der Gewerkschafts-

tage der IG Metall, Frankfurt a.M. 1950 ff.

Metall. Zeitung der IG Metall für die Bundesrepublik Deutschland 1949-1882.

Peters, Jürgen (Hg.), In freier Verhandlung. Dokumente zur Tarifpolitik der IG Metall 1945-2003, Göttingen 2003.

Quellen zur Geschichte der deutschen Gewerkschaftsbewegung im 20. Jh:

Bd. 6: Organisatorischer Aufbau der Gewerkschaften 1945-1949, Köln 1987;

Bd. 7: Gewerkschaften in Politik, Wirtschaft und Gesellschaft 1945-1949, Köln 1991;

Bd. 8: Die Gewerkschaften und die Angestelltenfrage 1945-1949, Köln 1989;

Bd. 9: Die Industriegewerkschaft Metall in den Jahren 1956 bis 1963, Köln 1999;

Bd. 10: Die Industriegewerk-schaft Metall in der frühen Bundesrepublik 1950-1956, Köln 1991;

Bd. 12: Der Deutsche Gewerkschaftsbund 1956-1963, Bonn 2005;

Bd. 13: Der Deutsche Gewerkschaftsbund 1964-1969, Bonn 2006;

Bd. 14: Die Interzonen-konferenzen der deutschen Gewerkschaften 1946-1948, Bonn 2007.

Interviews/ Reden/Artikel von Willi Bleicher

25 Jahre Einheitsgewerk-schaft, in: Deutsche Volks-zeitung vom 3.10. 1974.

Ansprache anlässlich der Verleihung der Carl-von-Ossietzky-Medaille, in: Prinz, Detlef/ Manfred Rexin, Beispiele, S. 114-19.

Keine kämpferische Geschich-te. Erinnerungen an die Zeit 1945-1953. Tonbandauf-zeichnung. In: Arbeiterpolitik, 7/1981, S. 13-17.

Dieses Kind darf nicht sterben, in: Irene Hübner, Unser Widerstand. Deutsche Frauen und Männer berichten über ihren Kampf gegen die Nazis, Frankfurt a.M. 1975, S. 186-190.

Keinen Augenblick im Leben darf man das Gefühl für Humanität und Hilfsbereit-schaft verlieren. Interview, in: Bettina Wenke, Interviews mit Überlebenden. Verfolgung und Widerstand in Südwest-deutschland, Stuttgart 1980, S. 98-119.

Stationen des Kampfes. (Aufzeichnung). In: Werkkreis Literatur der Arbeitswelt (Hg.), Die Kinder des roten Großvaters erzählen, Frankfurt a. M. 1976, S. 58-67.

Willi Bleicher: ein sozialis-tischer Metaller jenseits von Stalinismus und Anpassung.

Interview von Paul Assal, in: Hellmut G. Haasis (Hg.), Spuren der Besiegten, Bd. 3, Reinbek bei Hamburg 1984, S. 1053-66.

«Wir haben noch einen weiten Weg vor uns», Ein Gespräch mit Willi Bleicher und Leonhard Mahlein, in: Benz/ Georgi u.a. (Hg.), Willi Bleicher, S. 154-63

Auswahlliteratur

75 Jahre Industriegewerk-schaft. 1891 bis 1966, herausg. von der IG Metall für die Bundesrepublik Deutsch-land, Frankfurt a.M. 1966.

100 Jahre Industriegewerk-schaft. 1891 bis 1966, herausgegeb. Vom Vorstand der IG Metall für die Bundes-republik Deutschland, Köln 1991.

Abmayr, Hermann G., Wir brauchen kein Denkmal. Willi Bleicher: Der Arbeiterfüh-rer und seine Erben, Tübingen u. Stuttgart 1992.

Benz, Georg/Kurt Georgi u.a. (Hg.), Willi Bleicher. Ein Leben für die Gewerkschaften, Frankfurt a.M. 1983.

Bergmann, Theodor, «Gegen den Strom». Die Geschichte der KPD (Opposition), Ham-burg 2001.

Brenner, Otto, Die Bedeutung der Tarifbewegung in der Metallindustrie, in: Gewerk-schaftliche Monatshefte, 7/1963, S. 394-97.

Georg, Johannes, Streik der Metallarbeiter im Tarifgebiet Nordwürttemberg-Nordbaden, 22. November bis 14. Dezem-ber 1971: Ausgangslage, Ver-lauf, Ergebnis. Eine Dokumen-tation aus Presseberichten mit einer Analyse von Johannes Georg. Herausgegeb. von der Verwaltungsstelle Schwäbisch Gmünd der IG Metall, [Schwä-bisch Gmünd, ca. 1974].

Görtemaker, Manfred, Geschichte der Bundesre-

publik Deutschland. Von der Gründung bis zur Gegenwart, München 1999.

Hoss, Willi, Komm ins Offene Freund. Autobiographie, herausgegeb. von Peter Kammerer, Münster 2006.

Kalbitz, Rainer, Die Ära Otto Brenner in der IG Metall, Frankfurt a.M. 2001.

Kempter, Klaus, Eugen Loderer und die IG Metall. Biografie eines Gewerkschafters, Filderstadt 2003.

Mallmann, Luitwin, 100 Jahre Gesamtmetall. Perspektiven aus Tradition 1890-1990, Köln 1990.

Niven, Bill, The Buchenwald Child. Truth, Fiction and Propaganda, New York 2007.

Noé, Claus, Gebändigter Klassenkampf. Tarifautono-mie in der BRD. Der Konflikt zwischen Gesamtmetall und IG Metall vom Frühjahr 1963, Berlin 1970.

Prinz, Detlef/ Manfred Rexin (Hg.), Beispiel für aufrechten Gang. Willi Bleicher. Helmut Simon, Frankfurt a.M. 1979.

Rexin, Manfred, Willi Bleicher, in: Prinz/Rexin (Hg.), Beispiel, S. 68-92.

Saur, Paul, Die Demokratisie-rung des kommunalen Lebens nach 1945 in Stuttgart, Stuttgart 1961.

Schneider, Michael, Kleine Geschichte der Gewerk-schaften. Ihre Entwicklung in Deutschland von den Anfän-gen bis heute, 2. überarb. u. aktualisierte Auflage, Bonn 2000.

Wenke, Bettina, Willi Bleicher, in: Der Widerstand im deutschen Südwesten 1933-1945, Stuttgart u.a. 1984, S. 129-141.

Zwickel, Klaus/Anton Zuber, Geben und Nehmen. Die Autobiografie, Leipzig 2005.

Anmerkungen

1 Ansprache Willi Bleicher 1978 anlässlich
der Verleihung der Carl-von-Ossietzky-
Medaille, in: Detlef Prinz/Rexin, Manfred
(Hg.), Beispiel für aufrechten Gang. Willi
Bleicher. Helmut Simon, Frankfurt a.M.
1979, S. 118.

2 Die Darstellung der folgenden Abschnitte
stützt sich in ihren Grundzügen auf
Hermann G. Abmayr, Wir brauchen kein
Denkmal. Willi Bleicher: Der Arbeiterführer und seine Erben, Tübingen u. Stuttgart
1992.; Bettina Wenke, Willi Bleicher, in:
Der Widerstand im deutschen Südwesten
1933-1945, Stuttgart u.a. 1984,
S. 129-141, sowie auf die im Literaturver-
zeichnis angegebenen Erinnerungen und
Interviews Willi Bleichers.

3 Nach dem Einkommensteuergesetz
vom 29.3.1920 waren die Arbeitgeber
verpflichtet, die Lohnsteuer, die am 21.7.
zudem von 10 Prozent auf 15 Prozent
angehoben wurde, direkt an den Fiskus
abzuführen. Angesichts der herrschenden Inflation war das eine eklatante
Schlechterstellung gegenüber den erst
nachträglich zur Steuer veranlagten Selb-
ständigen (vgl. Quellen, Bd. 2, S. 245f),

4 Vgl. Abmayr, Denkmal, S. 103.

5 Vgl. hierzu Friedrich Schlotterbeck,
Je dunkler die Nacht, desto heller die
Sterne. Erinnerungen eines deutschen
Arbeiters 1933 – 1945, Zürich u.a. 1945.

6 Vgl. z. B. Wolfgang Abendroth, Willi
Bleicher, in: Georg Benz/Kurt Georgi u.a.
(Hg.), Willi Bleicher. Ein Leben für die
Gewerkschaften, Frankfurt a.M. 1983,
S. 32; Chronologische Biographie, in:
ebd., S. 200.

7 Vgl. Abmayr, Denkmal, S. 36.

8 Zur Geschichte der KPO siehe insbes.
Theodor Bergmann, «Gegen den Strom».
Die Geschichte der KPD (Opposition),
Hamburg 2001.

9 Vgl. Abmayr, Denkmal, S. 43f.

10 Stationen des Kampfes. (Aufzeichnung),
in: Werkkreis Literatur der Arbeitswelt
(Hg.), Die Kinder des roten Großvaters,
Frankfurt a. M. 1976,
S. 58-67, hier: S. 59.

11 Vgl. Abmayr, Denkmal, S. 50 f.

12 Der Senatsvorsitzende Cuhorst wird in der Literatur zuweilen als einer der berüchtigtsten NS-Richter genannt, der für etwa 120 Todesurteile verantwortlich war. Das Urteil gegenüber Bleicher war vor dem Hintergrund der NS-Blutjustiz indes noch verhältnismäßig «milde» ausgefallen.

13 Vgl. die Erinnerung von Bleicher: Dieses Kind darf nicht sterben, in: Irene Hübner, Unser Widerstand. Deutsche Frauen und Männer berichten über ihren Kampf gegen die Nazis, Frankfurt a.M. 1975.

14 Zur Geschichte des KZ Buchenwald vgl. Wolfgang Benz/ Distel, Barbara (Hg.), Der Ort des Terrors: Geschichte der nationalsozialistischen Konzentrationslager, Band 3: Sachsenhausen, Buchenwald, München 2006. Über die Rolle der «Kapos» gab es eine lange akademische Auseinandersetzung . Eine differenzierte Darstellung ihrer Geschichte zeichnete jüngst der britische Historiker Bill Niven, The Buchenwald Child. Truth, Fiction and Propaganda, New York 2007.

15 Willi Bleicher, Stationen des Kampfes. (Aufzeichnung), in: Werkkreis Literatur der Arbeitswelt (Hg.), Die Kinder des roten Großvaters erzählen, Frankfurt a. M. 1976, S. 58-67, hier S. 62f.

16 Vgl. hierzu Paul Saur, Die Demokratisierung des kommunalen Lebens nach 1945 in Stuttgart, Stuttgart 1961.

17 Gewerkschaftsjugend. Monatsblatt des Gewerkschaftsbundes Württemberg-Baden, 1/1948-2/1949.

18 DGB-Kongress 1952, Protokoll, S. 266, S. 277.

19 Willi Bleicher, Keine kämpferische Geschichte. Erinnerungen an die Zeit 1945-53, in: Arbeiterpolitik, 1981, S. 13.

20 Zitiert nach Abmayr, Denkmal, S. 47.

21 Dritter Bundestag des Gewerkschaftsbundes Württemberg-Baden, o.O. (Stuttgart), o.J. (1949) S. 82/83.

22 DGB-Gründungskongress 1946, S. 107.

23 Vgl. DGB-Bundeskongress 1952, S. 156.

24 Betroffen waren neben Bleicher Fritz Salm, der 1956 wieder in den Geschäftsführenden Vorstand aufrückte, und Karl Küll.

25 Vgl. Abmayr, Denkmal, S. 82f.

26 Vgl. DGB, Bundeskongress 1952, S. 155-57.

27 Vgl. «IG Metall. Der Friedensfunktionär», in: Der Spiegel v. 5.11.1958, S. 51-53.

28 «Rollkommandos. Prügel in Balingen», in: Der Spiegel v. 21. 03. 1956, S. 14.

29 Quellen, Bd. 10, S. 462.

30 Abgedruckt in: Quellen, Bd. 10, S. 517-19.

31 Zum Folgenden vgl. insbes.: Jürgen Peters (Hg.), In freier Verhandlung. Dokumente zur Tarifpolitik der IG Metall 1945-2003, Göttingen 2003.

32 Zur Politik der Arbeitgeberseite vgl. insbes. Luitwin Mallmann, 100 Jahre Gesamtmetall. Perspektiven aus Tradition 1890-1990, Köln 1990.

33 Vgl. hierzu insbes. die ausführliche Schilderung von Klaus Kempter, Eugen Loderer, Filderstadt 2003, S. 143-73.

34 Otto Brenner, Die Bedeutung der Tarifbewegung in der Metallindustrie, in: Gewerkschaftliche Monatshefte, 7/1963, S. 394-97, hier: S. 394.

35 Abgedruckt in: Peters (Hg.), Freie Verhandlung, S. 275f, Zitat: S. 275.

36 Vgl. Michael Schneider, Kleine Geschichte der Gewerkschaften. Ihre Entwicklung in Deutschland von den Anfängen bis heute, Bonn 2000, S. 296.

37 Vgl. hierzu die ausgewogene Darstellung und Beurteilung von Claus Noé, Gebändigter Klassenkampf. Tarifautonomie in der BRD. Der Konflikt zwischen Gesamtmetall und IG Metall vom Frühjahr 1963, Berlin 1970.

38 Zitiert nach Abmayr, Denkmal, S. 106.

39 Vgl. ebd., S. 110ff.

40 Die Tarifparteien hatten sich zuvor unter dem Eindruck einer sich anbahnenden rückläufigen Konjunkturentwicklung in der Metallindustrie im 1. und 2. Erbacher Abkommen (vom 13. Juli 1964 und 18. Februar 1966) auf eine Verschiebung der zunächst für den 1. Juli 1965 vorgesehenen letzten Stufe der Arbeitszeitverkürzung geeinigt. Sie trat in Nordrhein-Westfalen dann am 1. Juli 1966 in Kraft, die übrigen Tarifbezirke folgten bis zum

Jahresende 1967. Kompensiert wurde der Aufschub durch Regelungen zur Verlängerung des Urlaubs und zur Erhöhung der Urlaubsvergütung.

41 Vgl. zu diesem Credo Bleichers seine Ausführungen in: «Wir haben noch einen weiten Weg vor uns», Ein Gespräch mit Willi Bleicher und Leonhard Mahlein, in: Benz/ Georgi u.a. (Hg.), Willi Bleicher, S. 154-63, bes. S. 159.

42 Johannes Georg, Streik der Metallarbeiter im Tarifgebiet Nordwürttemberg-Nordbaden, 22. November bis 14. Dezember 1971, [Schwäbisch Gmünd, ca. 1974].

43 Vgl. Peters (Hg.), Freie Verhandlung, S. 316ff.

44 Vgl. «Metaller-Streik. Spuk zu Ende», in: «Der Spiegel» v. 13.12.1971, S. 26-29.

45 «Willi Bleichers letzter Kampf», in: «Die Zeit» v. 12.11.1971.

46 Rede Willi Bleichers auf dem Stuttgarter Karlsplatz vom 8.12.1971, in: Peters (Hg.), Freie Verhandlung, S. 427f, Zitat: S. 428

47 Presseerklärung der IG Metall vom 18. Januar 1960, zit. nach Schneider, Geschichte, S. 307.

48 Vgl. die Rede Bleichers auf dem DGB-Bundeskongress 1966: DGB-Bundeskongress 1966, S. 301-303.

49 Vgl. Kempter, Loderer, S. 154ff.

50 Zitiert nach Kempter, Loderer, S. 152

51 Vgl. zu diesen beiden Beispielen Abmayr, Denkmal, S. 97f und S. 134f.

52 Vgl. Kempter, Loderer, S. 152f.

53 Zitiert nach Abmayr, Denkmal, S. 110.

54 Vgl. hierzu Willi Hoss, Komm ins Offene Freund. Autobiographie, herausgegeb. von Peter Kammerer, Münster 2006.

55 Vgl. «Vor 25 Jahren. Der Tag, an dem Willi Bleicher starb», in: Stuttgarter Nachrichten vom 23. 6. 2006.